David Henry Wilson wurde 1937 in London geboren.

»Kurz nach meiner Geburt musste der König von England abdanken, aber dafür konnte ich nichts. Als ich 2 ½ war, brach der Zweite Weltkrieg aus. Auch dafür konnte ich nichts.

Während des Krieges fing ich an, Geschichten zu schreiben. Ich trat auch das erste Mal in einem Stück auf. Für mich ist Schreiben und Schauspielern dasselbe. Beide Male gibst du vor, ein anderer zu sein, ein anderes Leben zu leben, aber es hat mich auch immer gereizt, zwischendurch meine Identität zu wechseln.

Ich habe dann nach dem Kriege in Cambridge moderne Sprachen studiert, oder besser gesagt, so getan, als studiere ich moderne Sprachen. In Wirklichkeit habe ich die meiste Zeit mit Schreiben und Schauspielern zugebracht.

Ich ging dann für zwei Jahre nach Frankreich, um Englisch zu unterrichten, und für vier Jahre als Dozent nach Ghana. Dort holte ich mir Malaria und verbrachte viele Wochen im Krankenhaus. Etwas Besseres hätte mir gar nicht passieren können, denn ich verliebte mich in meine afrikanische Krankenschwester, heiratete sie und lebe seither glücklich mit ihr zusammen.«

Von 1964 bis 1967 war Wilson Dozent an der Universität Köln, seit 1967 hat er einen Lehrauftrag an der Universität Konstanz wie auch an der Universität in Bristol. 1977 erschien ›Elefanten sitzen nicht auf Autos‹, der erste Band mit Jeremy-James-Geschichten, die ihn auch in Deutschland bekannt machten. Seitdem sind mehr als ein Dutzend Kinderbücher erschienen.

David Henry Wilson übersetzt daneben auch noch Fachbücher aus dem Deutschen und schreibt Theaterstücke. Er lebt mit seiner Frau – die drei Kinder sind inzwischen erwachsen – in Somerset, umgeben von Ruhe und großen Bäumen.

In der Fischer Schatzinsel sind von ihm bereits ›Was macht der Wolf in meinem Pudding‹ (Bd. 80080) und ›Ashmadi‹ (Bd. 80165) erschienen.

Jonathan Allen wurde 1957 in Luton geboren. Ausbildung als Grafiker und Illustrator an der Kunstschule in Cambridge. Allen hat Bücher anderer Autoren illustriert (Margaret Mahy, Dick King-Smith) und eigene Bilderbücher veröffentlicht.

Jonathan Allen ist verheiratet, hat eine kleine Tochter und einen Kater mit Namen William. Schon bevor er zu zeichnen anfing, gehörte seine ganze Liebe den Tieren – ob in Büchern oder auf Sammelbildern.

Jonathan Allen hat auch ›Was macht der Wolf in meinem Pudding‹ (Bd. 80080) illustriert.

David Henry Wilson

Elvis, der vergessliche Elefant

Zehn fabelhaft freche Tiergeschichten
Aus dem Englischen von Helmut Winter
Mit Bildern von Jonathan Allen

Fischer Taschenbuch Verlag

Fischer Schatzinsel
Herausgegeben von Markus Niesen

Veröffentlicht im Fischer Taschenbuch Verlag GmbH,
Frankfurt am Main, Juli 1998

Die englische Originalausgabe erschien 1988 unter dem Titel
›Yucky Ducky‹ beim Verlag J. M. Dent & Sons, London
Für den Text
© 1988 by David Henry Wilson
Für die Illustrationen
© 1988 by Jonathan Allen
Für die deutschsprachige Ausgabe
© Arena Verlag GmbH, Würzburg
Alle Rechte liegen beim Fischer Taschenbuch Verlag GmbH,
Frankfurt am Main
Gesamtherstellung: Clausen & Bosse, Leck
Printed in Germany
ISBN 3-596-80079-X

Nach den Regeln der neuen Rechtschreibung

Für Eric, Géraldine, die kleine Cousine Emma,
Laurent, Antoine und ganz besonders
für mein Patenkind Corinne

Inhalt

Jakkidakki, das hässliche Entlein

Es war einmal eine Entenmama, die hatte sechs Eier gelegt. Fünf Eier waren ganz besonders schön, aber das sechste war ganz besonders hässlich.

»Sieh doch bloß diese fünf ganz besonders schönen Eier!«, rief die Entenmama.

»Sieh doch bloß das sechste ganz besonders hässliche Ei!«, rief der Entenpapa. »Das schmeißen wir lieber gleich in den Fluss!«
Aber die Entenmama kannte das Märchen vom hässlichen Entlein, aus dem ein schöner Schwan wurde, und deshalb ließ sie nicht zu, dass ihr Mann das sechste Ei fortwarf. Stattdessen brütete sie es aus, zusammen mit den anderen fünf, Woche um Woche, geduldig wie eine ausgestopfte Museumsente. Manchmal guckte sie sich die Eier an – die fünf sahen fast noch schöner aus als vorher und das sechste wurde immer hässlicher. Und dann begannen endlich die Eierschalen zu platzen. Eins, zwei, drei, vier, fünf Eierschalen machten *plopp – knack – platz*, und zum Vorschein kamen fünf ganz besonders schöne Entlein. Und dann machte das sechste Ei *plopp – knack – platz*, und zum Vorschein kam – puh, bäh, was für ein ekliger Anblick! Wahrscheinlich war es auch ein

Entenküken, aber ein hässlicheres, scheußlicheres Ekel-Entchen konnte man sich gar nicht vorstellen.

Als der Entenpapa es zum ersten Mal sah, sagte er spontan, er wolle jetzt lieber angeln gehen – und ward nie mehr gesehen. Die fünf ganz besonders schönen Entchen watschelten um ihren hässlichen Bruder herum, pickten ihn mit ihren piksigen Schnäbeln, schubsten ihn mit ihren Popos und quakten dabei »Bäh-Jakkidakki«, bis er zu weinen anfing. Das war nun kein normales Jammergeschrei, sondern ein so schrilles, keifendes Quiiiaaak!, dass sich sogar die Ohrwürmer in der Nähe die Ohren zuhielten. »Mach dir nichts draus, Jakkidakki«, sagte die Entenmama. »Eines Tages wird aus dir ein wunderschöner Schwan und deine Mama wird sehr stolz auf dich sein!«
Und dann machte sie mit ihren Kindern einen Ausflug auf den Fluss. Die fünf schönen Entchen schwammen glatt und elegant hinter ihr her – nur das hässliche Entlein plantschte ungeschickt herum und machte alle möglichen Verrenkungen, sackte plötzlich auf den Flussboden und schrie dabei glucksend um Hi-i-i-lfe! Gott sei Dank sah die Entenmama, wie Jakkidakki unterging. Mit auf-

geregtem Quak-quak tauchte sie und zerrte das hässliche Entlein wieder an die Oberfläche. Jakki-dakki war über und über mit Schlamm bekleckert und konnte kaum noch japsen. Die Entenmama legte ihn ans Flussufer und quak-pustete ihm wieder Leben ein; endlich öffnete er seine scheußlichen Schiel-Augen und fing an zu quaken.

»Quaaaaak!«, schrie er jämmerlich. »Quaaaaak– nicht mal – quaaaaaak – schwimmen kann ich!«
»Unser Schlammi-Jammi kann noch nicht mal schwimmen!« höhnten Jakkidakkis ganz besonders schöne Brüder und Schwestern.
»Mach dir nichts draus«, sagte die Entenmama, »eines Tages wird aus dir ein wunderschöner

Schwan, und du kannst besser schwimmen als wir alle zusammen!«

Und dann nahm sie ihre Küken mit auf eine Watscheltour durch den Wald. Die fünf schönen Entchen watschelten wacker und wichtig hinter ihrer Mutter her, während der hässliche Jakkidakki dauernd hinpurzelte oder gegen Bäume tapste. Schließlich verhedderte er sich so in einem Heidestrauch, dass er nicht mehr loskam.

»Hi-i-i-ilfe – aua! – quaaaaaak!«, schrie er.

»Jakkidakki im Gebüsch«, hänselten die hübschen Geschwister. Die Entenmama pickte die piksigen Zweige weg von ihrem Pechküken, sodass es weiterwackeln konnte, aber gleich stolperte es wieder über eine Baumwurzel, schwankte und schepperte mit dem Schnabel gegen die Rinde des Baumstamms.

»Quaaaaaak!«, schrie Jakkidakki. »Ich kann noch nicht mal – quaaaaaak! – watscheln!«

»Mach dir nichts draus, Schätzchen«, sagte die Entenmama. »Eines Tages wird aus dir ein wunderschöner Schwan, und du kannst besser watscheln als wir alle zusammen.«

Und dann nahm sie ihre Küken mit zu einem

Spaziergang auf der Landstraße, wo keine Heidesträucher, kein Schlammwasser, keine Löcher zum Reinplumpsen, keine Stolperwurzeln und keine Bäume zum Dagegenlaufen waren. Auf der Landstraße gab es nichts, nur einen großen Lastwagen, der, wie sich herausstellte, den gleichen Weg nehmen wollte wie die Entenmama. Und schneller, als man »Quak!« oder »Quaaaaaak!« oder »Donnerwetter, das ist aber ein ganz schön großer Laster, der da auf uns zukommt!«, sagen kann, hatte der Lastwagen die Entenmama und ihre fünf ganz besonders schönen Entchen überfahren; urplötzlich waren sie zu ganz besonders platt gewalzten Küken geworden. Und Jakkidakki, der sich wieder mal in seinen eigenen Watschelfüßen verheddert hatte und in den Straßengraben gekippt war, fand sich plötzlich mutterseelenallein auf der Welt. In diesem Augenblick hätte man ihn fast als Glücksente bezeichnen können, aber er saß bloß bedeppert am Straßenrand und quakte so laut, als ob er selber überfahren worden wäre. (Sogar noch lauter, weil nämlich ein überfahrenes Entchen wahrscheinlich überhaupt nicht mehr quakt.)

Der Lastwagenfahrer stieg aus seinem Laster, und

als er die zermatschten Enten auf der Straße sah,
war ihm das ziemlich lästig. Was sollte er
machen? Plötzlich hörte er Jakkidakki quaken
und sah die Bescherung. »Oje!«, sagte er (oder so
was Ähnliches), »wie siehst du denn aus! Fast so
grausig wie deine kleinen Geschwister!«
Er konnte wirklich nichts für Jakkidakki tun –
deshalb kletterte er wieder in seinen Laster und
fuhr davon.
»Quaaaaak!«, schrie Jakkidakki. »Nicht mal richtig – quaaaaaak! – überfahren werden kann ich!«
Er wartete darauf, dass ihm eine Stimme sagte,
eines Tages würde aus ihm ein wunderschöner

Schwan, der besser überfahren werden konnte als alle Enten zusammen, aber da war keine Stimme. Und so saß er am Straßenrand, fühlte sich sehr un-überfahren, hässlich und einsam.

Aber obwohl Jakkidakki sehr hässlich war, war er doch alles andere als sehr dumm. Dumm schon, aber nicht *sehr* dumm. Und schließlich hatte er einen Einfall, den man geradezu als gescheit bezeichnen konnte. Wenn er sich eines Tages sowieso in einen schönen Schwan verwandelte, dann konnte er vielleicht jetzt schon Schwäne finden, die sich seiner annahmen. Er wusste zwar nicht genau, wie Schwäne aussehen und wo sie wohnen, aber irgendwie wusste er, dass ihm jetzt ein lebendiger Schwan eher weiterhelfen konnte als eine tote Ente. Jakkidakki wusste über Schwäne nur, dass sie schön sind, und deshalb sah er sich ständig nach etwas Schönem um, als er die Straße entlang watscheltorkelplumpste. Als er sich mal wieder umsah, patschte er in einen Graben, und als er mitten im Wasser lag, fiel sein eines Auge auf ein sehr schönes Tier, das auf einer wilden Blume neben dem Graben saß. Es hatte rote und goldene Flügel mit schwarzen Flecken, und obwohl es viel kleiner war als er, dachte Jakkidakki: *So* schön sein müsste wirklich schön sein!

»Entschuldige«, sagte er, »bist du vielleicht zufällig ein Schwan?«

»Nein, mein Tleines«, sagte das Tier, »ich bin ein Smetterling. Wie kommst du darauf, dass ich ein Swan sein könnte?«

»Weil du so schön bist«, sagte Jakkidakki, »ich weiß nämlich, dass Schwäne schön sind.«

»Ich bin sön, das stimmt«, sagte der Schmetterling, »aber Swäne sind große Tiere, während ich tsart und tserbrechlich bin. Nein, du armes, hässliches Ding – ich bin ein Smetterling!«

Jetzt wusste Jakkidakki also, dass Schwäne ziemlich große Tiere sind, und so zockelpurzelte er weiter in den Wald, um nach Schwänen zu suchen.

Bald sah er ein großes Tier, das wirklich überaus schön war. Es stand unter einem Baum, hatte vier Beine, große Augen und ein großes Geweih auf dem Kopf.

»Entschuldige«, sagte Jakkidakki, »aber bist *du* vielleicht ein Schwan?«

»Ein Schwan?«, polterte das Tier. »Ich? Ein ma-

jestätisches, massiges, mächtiges Tier wie ich? Nein, du winziges, hässliches Würstchen, ich bin ein Hirsch! Der König des Waldes. Aber sag das bitte nicht dem Löwen.«

»Ich weiß, dass Schwäne groß und schön sind«, sagte Jakkidakki. »Du bist groß und schön, deshalb dachte ich eben, du bist ein Schwan!«

»Schwäne«, sprach der Hirsch, »mögen dir groß und schön vorkommen, aber nichts, rein gar nichts kann so groß oder so schön sein wie ich. Außerdem sind Schwäne ja auch bloß Vögel. Hast du schon einmal von einem Vogel gehört, der sich mit einem Hirsch vergleichen ließe? Hast du überhaupt schon von irgendeinem Wesen gehört, das sich mit einem Hirsch vergleichen ließe?«

Jetzt wusste Jakkidakki, dass Schwäne große, schöne Vögel sind, und er taumelstolperte weiter in den Wald, um solche Vögel zu suchen.

Nach einer Weile sah er einen ziemlich großen Vogel, der sehr schön war. Er hockte auf dem Zweig eines Baumes und hatte riesige Flügel, leuchtende Augen und einen krummen Schnabel.

»Entschuldigung«, sagte Jakkidakki, »bist du zufällig ein Schwan?«

»Sehr witzig«, sagte der Vogel. »Ein Schwan? Ich? Sehe ich etwa wie ein Schwan aus?«

»Ich hab gehört«, sagte Jakkidakki, »dass Schwäne große, schöne Vögel sind, und du bist doch groß und schön!«

»Wahr gesprochen«, sagte der Vogel, »ich bin der größte und schönste Vogel im Wald, ich könnte einen Schwan zum Frühstück vernaschen. Dich übrigens auch, wenn du nicht so unappetitlich wärst! Ein Adler bin ich, der König der Vögel!«

»Quaaaaaak!«, schrie Jakkidakki. »Ich werde wohl nie einen Schwan finden.«

»Hör auf mit diesem Quaken«, sagte der Adler böse, »das geht einem ja auf die Nerven! Schmeiß dich lieber in den Fluss, da findest du auch deine Schwäne!«

Und so latschtorkelte Jakkidakki weiter, auf der Suche nach dem Fluss. Aber er war jetzt schon ziemlich müde. Vorher war er schon gegen alles Mögliche gerempelt und hingeplumpst – jetzt wurde es immer schlimmer. Schließlich stolperte sein rechter Fuß mal wieder über den linken und Jakkidakki sackte neben einem Schlammtümpel zu Boden. Er konnte sich nicht mehr aufrappeln.

»Quaaaaaak«, schrie er.

»Aaaaaaak«, schrie eine Stimme dicht neben seinem rechten Ohr.

»Quaaaaaak«, machte Jakkidakki noch einmal, weil er glaubte, ein Echo gehört zu haben.

»Aaaaaaak«, machte das Echo.

Jakkidakki blickte auf und sah vor sich das scheußlichste Geschöpf, das ihm je begegnet war (sich selbst ausgenommen, allerdings hatte er sich noch nie selber gesehen – Spiegel wachsen nämlich nicht auf Bäumen).

Das Tier war braun und breit, hatte lange Hinterbeine mit Schwimmflossen, kurze Vorderbeine, große Kugelaugen und ein riesiges Maul; es war über und über mit Warzen bedeckt.

»Oje«, rief Jakkidakki, »du bist aber ganz schön hässlich!«

»O krächz«, krächzte das Tier (das eine Kröte war), »lange nicht so hässlich wie du!«

»Du bist noch viel hässlicher!«, rief Jakkidakki.

»Geht gar nicht!«, rief die Kröte.

»Wenn ich groß bin«, sagte Jakkidakki, »werde ich ein schöner Schwan!«

»Wenn ich groß bin«, sagte die Kröte, »werde ich ein schöner Prinz!«

»Warum werdet ihr nicht beide groß und verzieht euch!«, sagte eine Ratte, die gerade vorbeikam.

»Hör nicht auf die«, sagte die Kröte, »das ist bloß eine dreckige Ratte!« Und dann erzählte die Kröte Jakkidakki, dass sie einen Palast suche, in dem sie glücklich leben könne. Jakkidakki sagte, wenn er je einen solchen Palast sähe, würde er der Kröte Bescheid sagen. Und dann erzählte Jakkidakki der Kröte, dass er einen Fluss suche, wo er endlich glücklich sein könne.

»Du hast Glück«, sagte die Kröte, »Flüsse sind ja ganz leicht zu finden.«

»Für mich nicht«, sagte Jakkidakki, »manchmal kann ich nicht mal meine eigenen Füße finden.«

Jakkidakki und die Kröte wurden schließlich Freunde, und sie beschlossen, so lange zusammenzubleiben, bis sie zu Prinz und Schwan geworden

wären. Sie warteten sehr, sehr lange. Die einzige
Veränderung, die Jakkidakki an der Kröte feststellen konnte, war, dass sie immer kleiner und hässlicher zu werden schien. Die Kröte ihrerseits
glaubte, Jakkidakki würde immer größer und
hässlicher. Auch Jakkidakki kam sich inzwischen
größer vor. Er stellte fest, dass er jetzt nicht nur
ein paar Meter im Tümpel schwimmen konnte,
sondern auch ein paar Meter durch die Luft fliegen – bis er als ein Häufchen Elend auf die Erde
klatschte. Das alles schien darauf hinzudeuten,
dass er jetzt erwachsen war, und als Erwachsener
müsste er sich ja in einen Schwan verwandelt haben.

»Das war's dann also«, sagte Jakkidakki zur Kröte.

»Das war was?«, fragte die Kröte.

»Ich bin jetzt ein Schwan«, sagte Jakkidakki.

»Sehr spaßig«, sagte die Kröte.

»Tja«, sagte Jakkidakki, »das hätte dir wohl nicht geschwant!«

»Wenn du ein Schwan bist, bin ich ein schöner Prinz.«

»Quak-quak«, kakelte Jakkidakki, »ich hab noch nie einen schönen Prinzen gesehen, der so hässlich war wie du.«

»Ak-ak«, kakelte die Kröte, »du und ein Schwan? Du siehst eher wie ein Schwein aus!«

»Du bist jedenfalls *kein* schöner Prinz«, sagte Jakkidakki.

»Weiß ich ja«, sagte die Kröte, »und du bist auch kein Schwan.«

Obwohl die Kröte genau wusste, dass sie in Wirklichkeit kein schöner Prinz war, glaubte Jakkidakki noch immer, er sei ein Schwan. Deshalb beschloss er, zum Fluss aufzubrechen und sich endlich seinen Mitschwänen anzuschließen. Zufällig wusste die Kröte, wo der Fluss war.

»Du brauchst bloß den graden Weg über den

Hügel da zu nehmen«, sagte sie, »das heißt, wenn du überhaupt irgendeinen Weg gerade entlangwackeln kannst.«

»Und was machst du jetzt?«, fragte Jakkidakki.

»Ich suche die Straße zum Palast«, sagte die Kröte.

Und so verabschiedeten sich die beiden voneinander und gingen ihre getrennten Wege.

»Hoffentlich findest du die richtigen Brötchen, Krötchen!«, rief Jakkidakki.

»Mach bloß keinen Kack, du Quack!«, rief die Kröte.

Jakkidakki watschelte (und fiel) und flog (und stürzte) den Weg entlang, der über den Hügel führte und schließlich hinab zum Fluss. Es war ein klarer, ruhiger, sonniger Tag, und als er an dem Flussufer stand, wo er früher so manchen jämmerlichen Tag verbracht hatte, kam es ihm vor, als sei er endlich wieder zu Hause. Und als er mitten auf dem Fluss zwei schmucke langhalsige, elegante, weiße Vögel sah, die durchs Wasser glitten, da wusste er: Das konnten nur Schwäne sein und er war auch ein Schwan.

»Hallo!«, schrie er und platschte mit einem Riesenplatscher ins Wasser.

Die Schwäne nahmen keine Notiz von ihm, aber Jakkidakki ruderte aus Leibeskräften mit seinen Watschelfüßen, schlug mit den Flügeln und schaffte es, mit viel Krach und Geplantsche an sie heranzukommen.

»Hallo, ihr da«, schrie er, »wartet doch auf mich!«

»Sprichst du mit uns?«, fragte der Schwanenherr.

»Ja«, prustete Jakkidakki, »ihr seid doch Schwäne, nicht?«

»Natürlich sind wir Schwäne«, sagte die Schwanendame.

»Prima«, sagte Jakkidakki, »dann können wir ja zusammen Schwäne sein!«

»Wir wollen kein Gesindel in unserer Nähe«, sagte die Schwanendame. »Marcel, schaff ihn beiseite!«

Marcel, der Schwanenherr, raste zischend auf Jakkidakki los und gab ihm einen gewaltigen Schnabelhieb auf den Hintern.

»Quautsch!«, schrie Jakkidakki.

»Quietsch Leine!«, schrie Marcel.

»Aber ich bin doch kein hässliches Entchen mehr«, heulte Jakkidakki, »ich bin genauso ein Schwan wie ihr!«

»Beleidige uns nicht«, sagte Marcel und hackte Jakkidakki zum zweiten Mal kräftig auf den Hintern.

Jakkidakki wartete nicht mehr auf den dritten Hieb. Vor Schmerz und Angst laut quaaaaaakend, spritzplantschte er zurück ans Ufer, während Marcel und seine Frau heiter den Fluss hinabglitten und sich über die heruntergekommene Wohngegend unterhielten. Jakkidakki stand am Ufer und sah ihnen traurig nach. Warum hatten sie ihn nicht willkommen geheißen? Warum hatten sie ihn Gesindel genannt? Warum hatten sie ihn in den Hintern gehackt?

Jakkidakkis Kopf sackte vor Enttäuschung vornüber, und er starrte in das ruhige Wasser. Und als er dort sein Spiegelbild sah, wusste er plötzlich die Antwort auf alle seine Fragen. Es stimmte: Er war jetzt erwachsen. Und statt ein hässliches Entlein zu sein, war er jetzt zu einer überaus hässlichen Ente geworden.

Frühaufsteher

»Krak, krak«, krächzte Fatima, die Fasanenfrau. »Krak, krak, aufwachen!«

»Maul halten! Ruhe! Weiterschlafen!«, antwortete ein ganzer Chor verärgerter Vogelstimmen.

»Mami, Mami, wir haben Hunger, Hunger!«, krächzte ein ganzer Chor kleiner Fasanen.

»Was für ein wunderschöner Morgen!«, kreischte Fatima. »Komm schon, Freddy – wach endlich auf!«

»Uäh – uh – äh«, stöhnte ihr Ehemann. »Ich schlafe noch! Lass mich in Ruhe!«

»Wir wollen mit den Hühnern aufstehen!«

»Du meinetwegen, aber ich bin noch nicht ausgeschlafen!«

»Mami, Mami, wir haben Hunger, Hunger!«
»Freddy, unsere Kinder verhungern! Wach auf!
Sofort! Krak, krak!«
»Mein Gott, was für ein Krach!«, krächzte eine
Krähe.
»So ein Ra-batz!«, raunte ein Rabe.
»Ruhe hier! Stopft ihr das Maul!«, erklang es im
Chor.
Inzwischen schlugen unten in der Jagdhütte, die
versteckt hinter Bäumen lag, Mr. und Mrs. Smith

die Augen auf und lächelten einander zu. Die
Sonne war gerade aufgegangen und die Vögel sangen. Es war der vollkommene Auftakt zu ihrem

neuen Leben in ihrer neuen Jagdhütte. Weg vom Gestank und Geknatter des Verkehrs, dem Schubsen und Schieben der Masse, dem Rattern und Rumpeln der Maschinen hatten sie hier endlich Frieden mitten in der harmonischen Natur gefunden.

»Oh, John«, sagte Mrs. Smith, »hör doch nur die Vögel! Das ist ihr Morgengesang!«

»Wie schön!«, sagte Mr. Smith. »All diese glücklichen Vögel, wie sie den neuen Tag begrüßen!«

»Das einzige, was mich stört, ist dieses scheußliche ›Krak, krak‹. Was das wohl ist?«

»Hört sich an, als ob jemand eine Katze erwürgt«, sagte Mr. Smith.

»Wie eklig!«, sagte Mrs. Smith.

»Krak, krak!«, sagte Fatima. »Freddy, stehst du jetzt endlich auf?«

»Wir wollen Frühstück! Wir wollen Frühstück!«, quäkten die Fasanenbabys.

»Krak, krak, kark – Margenstande hat Frühstück im Mande!«, krächste Fatima.

»Mir würden schon ein paar Blaubeeren reichen!«, sagte Freddy.

»Wir wollen Regenwürmer! Wir wollen Regenwürmer!«, quengelten die Kleinen.

»Die sollt ihr kriegen!«, verkündete Fatima. »Los, Freddy, raus aus den Federn!«

»Um die Zeit schlafen die Regenwürmer noch!«, knurrte Freddy.

»Krak, krak!«

»Ruckediguh, gebt endlich Ruh!«, gurrte eine Taube.

»Beknackte Typen!«, quakte eine Ente.

»Ruhe im Wald! Dreht ihr den Hals um! Stopft ihr das Maul!«, erklang es im Chor.

Aus allen Ecken des Waldes kam der Protest der Vögel.

Der Rabe krächzte, in seinem Revier herrsche noch rabenschwarze Nacht (sein Kopf steckte noch in den Federn), und die Lerche, die immer als Erste aufstand, trillerte etwas von viel zu früh für Frühlingsvögel – alle Vögel waren sich darin einig, dass Fatima ihnen entschieden auf den Wecker ging, und sie äußerten diese Meinung ausgesprochen lautstark.

»Ich glaube«, sagte Mrs. Smith, »die Vögel singen heute besonders laut – sie wollen uns sicher im Wald willkommen heißen!«

»Sie singen Liebeslieder für uns«, sagte Mr. Smith.

»Woher weißt du das?«, fragte Mrs. Smith und kicherte ein bisschen.

»Diese süßen Melodien – das können nur Liebeslieder sein!«, flötete Mr. Smith.

»Krak, krak!«, sagte Fatima. »Los, Freddy, aufstehen!«

»Ich glaube nicht, dass das ein Liebeslied war«, sagte Mrs. Smith.

»Nein«, sagte Mr. Smith, »das klang eher nach Zoff bei den Vögeln.«

»Wir wollen Regenwürmer! Wir wollen Regenwürmer!«, kreischten die kleinen Fasanen.

»Ich will Ruhe!«, stöhnte der Fasanenpapa.

»Krak, krak!«, krakte die Fasanenmama.

»Halt's Maul!«, maulte die Wachtel.

»Krak, krak, Margenstande hat Gald im Mande!«, trompetete Fatima.

»Ich glaube, wir müssen was gegen diesen furchtbaren Lärm unternehmen«, sagte Mrs. Smith.
»Das verdirbt ja den Gesang der anderen Vögel!«
»Ich hab das Gefühl, der Lärm kommt von einem
ganz bestimmten Vogel«, sagte Mr. Smith, »ich
schau mal nach.«
Mr. Smith stieg aus dem Bett, knipste das Licht
an, ging ins Wohnzimmer, holte aus dem Bücher-
regal die *Große Vogel-Enzyklopädie*, kam zurück
ins Schlafzimmer und kletterte wieder ins Bett.
Gemeinsam mit Mrs. Smith studierte er das Kapi-
tel *Vogelrufe*. »›*Allez hopp!*‹ krant der Kranich,
›*billikuh!*‹ turteln die Tauben, ›*auf ihn!*‹ pfeift der
Dompfaff, ›*dingeldong!*‹ bimmelt der Glocken-

vogel, ›*himmlisch!*‹ kreischt der Paradiesvogel, ›*satt!*‹ gluckst das Moorhuhn, ›*glucks!*‹ kollert die Schwalbe, ›*huhu!*‹ heult der Uhu, ›*runter!*‹ röhrt der Seetaucher, ›*ätsch!*‹ hämt der Spottvogel, und ›*krak*‹ –«

»Es ist ein Fasan!«, sagte Mr. Smith.

»Ein Fasan?«, sagte Mrs. Smith.

»Ein Fasan!«, sagte Mr. Smith.

»Krak!«, sagte Fatima. »Ich seh schon, ich muss die Würmer selber holen, wenn die Kleinen noch was zum Frühstück kriegen sollen!«

»Die hat 'ne Meise!«, zwitscherte der gleichnamige Vogel.

»Du hast selber einen Vogel!«, johlte eine Dohle.

»Hoffentlich wird's hier bald stiller!«, flötete die Drossel mit einem Triller.

»Ich drück euch gleich die Kehle zu!«, drohte der Würger.

»Du denkst jetzt bestimmt das Gleiche wie ich«, sagte Mr. Smith zu Mrs. Smith.

»Ja«, sagte Mrs. Smith. »Das wäre kein schlechter Mittagsbraten!«

»Kluges Kind!«, sagte Mr. Smith. »Also holen wir uns erst mal das Mittagessen und dann frühstücken wir!«

Sie zogen sich schnell an und lauschten dabei, ob der Fasan noch da war.

»Krak!«, sagte Fatima.

Er war noch da.

»Wo bleiben die Regenwürmer? Wir wollen unsere Regenwürmer!«, kreischten die Fasanenbabys.

»Ich sag's jetzt zum letzten Mal, Freddy«, meckerte Fatima, »stehst du jetzt auf oder nicht?«

»Nein«, sagte Freddy.

»Dann hol *ich* eben die Würmer«, sagte Fatima.

»Prima«, sagte Freddy.

»Und wenn ich zurück bin«, sagte Fatima, »füttere ich die Kleinen, und dann fliegen wir zu meiner Mutter und kommen nie wieder zurück!«

»Hurra!«, sagte Freddy.

»Au weia!«, sagte ein Geier.

»So 'n Firlefanz!«, sprach eine Gans.

»Lass sie doch gehen!«, schrien die Krähen.

Inzwischen hatten Mr. und Mrs. Smith sich angezogen. Mr. Smith hatte seine Jagdflinte aus dem Futteral geholt und sie mit Schrot geladen. Mrs. Smith hatte ihren besten Kochtopf aus dem Küchenregal geholt und die raffiniertesten Gewürze hineingestreut. Jetzt traten die beiden aus der Haustür, hinaus ins trübe Licht der Dämmerung.

»Es hat keinen Zweck«, sagte Mrs. Smith. »Man kann die Vögel vor lauter Bäumen und Zweigen und Blättern nicht sehen.«

Genau in dem Augenblick entfaltete Fatima, die Fasanenfrau, ihre Flügel und flog auf die Jagd nach Regenwürmern. Sie machte noch einmal laut »Krak!«, und schrie »Margenstande ...«

Peng Peng Peng!
Die Margenstande hatte noch was ganz anderes
im Mande, als sie gedacht hatte …
Die kleinen Fasanen kriegten ihr Frühstück erst,
nachdem die Sonne fertig mit dem Aufgehen und
der Papa fertig mit dem Schlafen war. Fatima
frühstückte überhaupt nicht. Aber dafür gab es
bei Mr. und Mrs. Smith ein köstliches Mittagessen.

Die Leopardin, die kein Fleisch fressen wollte

Leona, die Leopardin, war ziemlich kurzsichtig. Sie war berühmt dafür, dass sie sich vor Hirschen verbeugte, Löwen anbiss, Baumstümpfen guten Tag sagte und auf Elefanten kletterte, und man kannte auch ihre aussichtslosen Kämpfe mit dornigen Sträuchern. Wenn sie auf Jagd ging, konnte sie nur darauf hoffen, Tieren zu begegnen, die alt, lahm, blind oder einfach dämlich waren. Gott sei Dank gab es genug davon, sodass sie nicht zu verhungern brauchte.

Eines Tages schlenderte Leona durch den Wald. Sie versuchte vorsichtig, allen Schatten auszuweichen, stieß aber ständig gegen irgendwelche Bäume. Plötzlich hörte sie einen hohen, spitzen Schrei: »Ich will zu meiner Mami!«

»Aha!«, sagte sie zu sich. »Ruft hier mein Mittagessen?«

»Mami, wo bist du?«, rief das hohe Stimmchen.

»Hier, Liebling, hier bin ich!«, rief Leona und legte viel mütterliche Wärme in ihre Stimme. »Wo bist du?«

»Ich bin hier!«

»Wo ist hier?«

»Unter diesem Busch!«

Leona ließ sich von der Stimme leiten und bewegte sich langsam darauf zu, wobei sie wohligen Gedanken an leckeres Fleisch nachhing.

»Hier, Mami! Guck doch, hier bin ich! Hier lang … hoppla! … Du bist ja gar nicht meine Mami!«

Das Mittagessen hatte die Leopardin schon gesehen, bevor die Leopardin ihr Mittagessen sah,

und Leonas wohlige Fleisch-Gedanken lösten sich in Fleischlosigkeit auf.

»Deine Mami hat gesagt, ich soll auf dich aufpassen«, rief sie rasch, »weil sie dich sehr lieb hat – ich übrigens auch!«

»Wo ist meine Mami?«, fragte das hohe Stimmchen.

»Sie ist zu deinem Papi gegangen«, antwortete Leona.

»Wo ist mein Papi?«, fragte das Stimmchen.

»Er wartet auf deine Mami«, antwortete Leona. Dicht vor ihren Augen konnte sie eine verschwommene, vierbeinige Gestalt erkennen, über die mit großen Buchstaben MITTAGESSEN geschrieben zu stehen schien. Aber als sie gerade mit ihrer Pranke zuschlagen wollte, sah sie, dass sich

quer über die vierbeinige Gestalt noch etwas anderes hinzog: Flecken, große braune Flecken, genau wie ihre eigenen.

»Oh!«, sagte Leona. »Du hast ja Flecken!«

»Du auch!«, sagte das Mittagessen.

»Wie ärgerlich!«, sagte Leona.

»Nicht für mich!«, sagte das Mittagessen. »Meine Flecken sind hübsch!«

Aber für Leona waren die Flecken sehr ärgerlich, denn im Wald herrschte eine eiserne Regel: Leoparden dürfen alles fressen – nur nicht andere Leoparden. Und wenn diese verschwommene, vierbeinige Gestalt Flecken hatte, dann musste es ein Leopard sein.

»Dann ist mein Mittagessen also im Eimer!«, sagte Leona.

»Wo ist dein Mittagessen?«, fragte Leonas Ex-Mittagessen.

Und da kam Leona eine Idee. Ein Leopardenbaby

wäre zwar wenig brauchbar bei der Jagd, aber sehr nützlich als eine Art Brille, und wenn dieses Baby Leona in die richtige Richtung losschicken würde, könnte sie Mittagessen für alle beide jagen. Das Baby, das auf den Namen Geraldine hörte (ein komischer Name, die meisten Leoparden heißen nämlich Leonard oder Ludwig oder Lanzelot), hielt das auch für eine gute Idee. Und so trabten sie zusammen los, auf der Suche nach einer deftigen Mahlzeit.

Sie hätten eigentlich das ideale Gespann sein sollen. Aber schon bei dem, was man unter einer deftigen Mahlzeit verstand, gingen die Geschmäcker auseinander. Mit Geraldines Hilfe fing Leona ein saftiges junges Reh, aber zu ihrer großen Verwunderung wollte Geraldine keinen einzigen Bissen davon fressen.

»Aber es ist doch herrliches frisches Fleisch!«, rief Leona.

»Ich weiß«, sagte Geraldine, »aber ich mag kein Fleisch.«

»Unsinn!«, rief Leona. »Spinnen fressen Fliegen, Affen fressen Bananen, und Leoparden fressen Fleisch. Das ist ein Naturgesetz. Also steck dir das Fleisch ins Maul und kau los!«

Mit diesen Worten gab sie Geraldine eine zarte Scheibe Fleisch direkt vom Reh-Hintern. Das mag sich vielleicht nicht so besonders lecker anhören, aber eine Scheibe Reh-Hintern ist für einen Leoparden wie ein Stück Schokoladentorte für einen Menschen.

Geraldine kaute und kaute und kaute …

»Na, wie schmeckt's?«, fragte Leona.

»Igitt!«, machte Geraldine und spuckte das Fleisch aus.

Leona sah das Spucken nicht, aber sie hörte das Igitt. Was war bloß mit diesem Leopardenjungen los? War es zu jung, um ein gutes Stück Fleisch zu schätzen? Hatte es keine Zähne im Maul? Hatte etwa jemand eine neue Diät für Leopardenjunge erfunden?

Leona hatte nie selber Junge gehabt. Sie hatte sich zwar nach einem Mann umgesehen, aber da sie so kurzsichtig war, hatte sie keinen gefunden. Ab und zu hatten sich männliche Leoparden für sie interessiert, aber männliche Leoparden werden es bald leid, wenn man sie dauernd fragt, wo sie sind. Und sie halten auch wenig von Leopardinnen, die stur an ihnen vorbeilaufen und einem Ameisenhaufen einen verliebten Kuss geben.

Da sie also keine eigenen Jungen hatte, wusste Leona nicht so recht, wie sie sich verhalten sollte.

»Was frisst du denn sonst so?«, fragte sie.

»Blätter«, sagte Geraldine.

»Du machst wohl Witze«, sagte Leona. »Von Blättern wird man nicht satt!«

»Doch«, sagte Geraldine.

»Blätter sind Blätter«, sagte Leona. »Fleisch ist Fressen.«

»Fleisch ist igitt!«, sagte Geraldine. »Blätter sind Fressen.«

»Wenn das so ist«, sagte Leona, »kannst du dir dein Mittagessen alleine besorgen.«

»Wenn das so ist«, sagte Geraldine, »– du auch!«

Da Leona ihr Mittagessen schon vor sich liegen hatte, zuckte sie bloß mit den Schultern und mampfte an ihrem Reh weiter. Wenn Geraldine sich so blöd und bockig anstellte – sollte sie doch! Sie würde schon wieder angekrochen kommen, wenn sie einen anständigen Fraß brauchte.

Aber Leona musste feststellen, dass es gar nicht so einfach war, eine Leopardenmutter zu sein. Geraldine entpuppte sich nämlich als sehr ungehorsames Junges. Sie sagte, wenn Leona ihr nicht dabei helfe, Blätter zu fangen, würde sie ihr auch nicht dabei helfen, Fleisch zu fangen. Leona sah sich daher genötigt, auf Blätterfang zu gehen. Nach Geraldines Anweisungen kletterte sie auf den richtigen Baum, ging den richtigen Ast entlang, biss die

richtigen Blätter ab und ließ sie an der richtigen Stelle fallen. Leider hörte Geraldine dann aber plötzlich auf, ihr die Richtung zu erklären. Leona trat ins Leere und stürzte vom Ast. Nach dieser schmerzlichen Erfahrung weigerte sich Leona, noch weiter auf Blätterjagd zu gehen, und Geraldine weigerte sich, auf Fleischjagd zu gehen – die Folge war, dass Leona großen Hunger kriegte.

Aber nicht nur, dass Leona Kohldampf schob und Geraldine bockig war – es gab noch ein anderes Problem, das die Leopardenmutter beunruhigte. Eines Abends, als Geraldine ganz in ihrer Nähe eingeschlafen war, fiel ihr auf, dass sie sehr merkwürdig roch.

»Puh!«, sagte sie. »So ein Körpergeruch!«

Das Junge braucht offensichtlich dringend eine Dusche.

Als sie anfing, es abzulecken, merkte sie, dass Geraldine ganz auffallend dünn war. Ihre Beine waren wie Stöcke, und ihre Knochen ragten durch die Haut wie spitze Steine durchs Gras.

»Das kommt davon, wenn man nur Blätter frisst!«, knurrte Leona. Blätter fressen war genauso ungesund wie kein Fleisch fressen, und wenn sie jetzt nicht bald irgendetwas unternahm, würden sie und Geraldine verhungern.

Im ganzen Wald gab es nur ein Tier, das ein Heilmittel gegen diese seltsame Krankheit kannte. Doktor Duck, der berühmte Quacksalber, wusste auf jede medizinische Frage eine Antwort, hatte ein Mittel gegen jede Krankheit und, falls es nötig

wurde, auch eine Ausrede für jede Fehldiagnose.
Leona und Geraldine brauchten drei Tage, bis sie
den Doktor gefunden hatten.

Leona wusste den Weg, konnte ihn aber nicht sehen, während Geraldine ihn zwar sehen konnte,
aber nichts von ihm wusste. Und Anweisungen
wie »beim Jaracanda-Baum links ab« nützen
nicht viel, wenn es ringsum lauter Jaracanda-
Bäume gibt. (Und überhaupt: Wüsstet ihr vielleicht, wie ein Jaracanda-Baum aussieht?) Aber
schließlich kamen sie doch in der Arztpraxis an,
und Leona erzählte Doktor Duck die ganze Geschichte von Anfang bis Ende.

Doktor Duck hörte schweigend zu und machte
höchstens ein paar Mal »quack« oder »quumps«
oder »quiekie«, und als Leona fertig war, holte er
ein Spezialinstrument heraus, das man »Fum-

melskop« nennt. Damit horchte er Geraldines Herzschlag ab, untersuchte ihren Blutdruck, maß ihre Körpertemperatur, den Umfang von Hals, Brust und Schenkel, prüfte ihre Sehschärfe, ihr Gehör und die Mandeln, linste ihr in die Nase, in den Rachen und zwischen die Beine, klopfte auf ihr Knie, zupfte an ihrem Schwanz, zwickte ihr in die Ohren und kitzelte schließlich noch ihren Bauch.

»Nun, Doktor?«, fragte Leona. »Können Sie ihr helfen?«

»Nein, quann ich nicht«, quakte der Doktor, »queil ich queine Quankheitszeichen an ihr erquennen quann. Geraldine ist quanz und quar normal.«

54

»Normal!«, rief Leona. »Hat man schon mal von einem Leoparden gehört, der kein Fleisch fressen will? Das ist nicht normal!«

»Quanz richtig«, sagte der Doktor. »Das wäre in der Tat sehr unquewöhnlich für einen Leoparden – es ist aber quanz typisch für eine Quiraffe.«

Und damit war alles erklärt. Giraffen sind dürr, Giraffen fressen Blätter und kein Fleisch, und Giraffen heißen Geraldine.

Und weil Geraldine in diesem Augenblick zufällig neben Leona stand, konnte sie gleich noch zwei andere Probleme lösen, die Leona beunruhigt hatten. Keine Leopardenmutter mag es, wenn ein Junges ihr nicht gehorcht, und keine Leopardenmutter kann auf die Dauer ohne Fleisch leben. Und im Urwald gibt es keine Bestimmung, die es verbietet, dass Leoparden Giraffen fressen.

Der vergessliche Elefant

Elefanten haben ein wunderbares Gedächtnis.

Wenn man einem Elefanten einmal ein Rosinenbrötchen gibt und ihm zehn Jahre danach wieder ein Rosinenbrötchen bringt, sagt er unweigerlich: »Nett, dich wiederzusehen!« Und: »Wo hast du so lange gesteckt?« Und: »Wenn ich noch mal zehn Jahre warten muss, schrumpfe ich zu einer Maus zusammen!«

Manche Elefanten haben ein so gutes Gedächtnis, dass

sie sich an Sachen erinnern, die gar nicht passiert sind. Solche Sachen nennt man Elefantasien. Aber die meisten Elefanten, die man auf der Straße, im Zirkus oder im Zoo trifft (oder im Dschungel, wenn man zufällig dort unterwegs ist), halten sich strikt an die Elefakten.

Es gab aber mal einen jungen Elefanten, der hatte einfach überhaupt kein Gedächtnis für Elefakten (oder für Elefiktionen). Elvis war sein Name und er war von Natur aus unglaublich vergesslich. Er konnte absolut nichts behalten – nicht einmal von einem Augenblick zum anderen. Wenn ihn jemand fragte, ob er ein Rosinenbrötchen wolle, fragte er zurück, was denn ein Rosinenbrötchen sei, und wenn er das Rosinenbrötchen gegessen hatte, sagte er: »Wo ist denn das Rosinenbrötchen geblieben?« Und wenn ihm jemand sagte: »Du hast es doch gerade gegessen, Elvis!«, sagte er: »Was soll ich gegessen haben?«, oder: »Wer ist Elvis?«

Die Eltern von Elvis waren seine Vergesslichkeit allmählich leid, denn es war weiß Gott kein Elespaß, ihm dauernd zu erklären, wer sie waren, wer er war, was er gerade gemacht hatte, wo er gewesen war und so weiter. Die Unterhaltung mit Elvis

war wie Weitsprung: Um einen Satz nach vorn zu machen, musste man zwanzig Schritte rückwärts gehen. (Wenn Elvis Weitsprung machen müsste, würde er bloß einen Schritt rückwärts gehen, und schon hätte er vergessen, wohin er wollte.) Schließlich beschlossen seine Eltern, ihn zu einem Elefanten-Psychiater zu schicken, zu einer Art Elefanalytiker namens Dr. Rüssel-Düssel (er kam aus Nordrhein-Westfalen). Dieser Facharzt galt als besonders erfahren – er hatte schon einen Maulesel von der Maulfaulheit kuriert, einen Papagei von der Plappergier und ein Hippo von der Hippochondrie. Wenn irgendjemand Elvis von seiner Vergesslichkeit heilen konnte, dann war er es.

»Na, Elvis«, sagte der Doktor, »wo tut's denn weh?«

»Ich weiß nicht mehr«, sagte Elvis.

»Du musst aber ein sehr schlechtes Gedächtnis haben«, sagte der Doktor.

»Ja«, sagte Elvis.

»Wenn du nicht mehr weißt, was dir wehtut, wie soll ich dich dann heilen?«

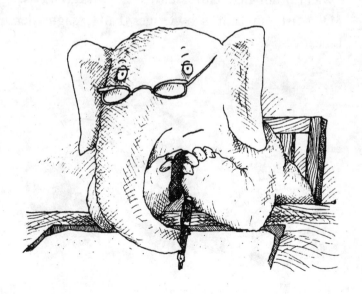

»Weiß ich nicht«, sagte Elvis.

»Ich auch nicht«, sagte der Doktor.

Und dann ging Elvis wieder nach Hause.

»Wie war's beim Arzt?«, fragte Elvis' Mutter.

»Was für einem Arzt?«, fragte Elvis.

Und dann sagte Elvis' Mutter Elvis' Vater, er solle Elvis zum Arzt begleiten und dem Doktor alles erklären.

»Aha«, sagte der Arzt. »Also, Elvis, wie lange geht das nun schon?«

»Wie lange geht was schon?«, fragte Elvis.

»Dein Gedächtnisschwund«, sagte der Doktor.

»Was für ein Gedächtnisschwund?«, fragte Elvis.

»Dies ist ein sehr schwieriger Fall«, sagte der Doktor.

Er schlug in seinem *Großen Lexikon der Elefehler* nach und las vor, was da unter »Gedächtnisverlust« stand:

»Wenn ein Elefant sein Gedächtnis verloren hat, kommt das daher, dass er sich an nichts erinnern kann. Die Heilung besteht darin, ihn daran zu hindern, dass er etwas vergisst.«

»Nun, das ist eindeutig«, sagte der Doktor. »Jetzt sind wir schon einen Schritt weiter. Wir müssen also dafür sorgen, dass du nichts vergisst.«

»Was vergessen?«, fragte Elvis.

»Alles, was du behalten möchtest«, sagte der Arzt.

»Wie wollen Sie ihn am Vergessen hindern?«, fragte Elvis' Vater.

»Das weiß ich nicht«, sagte der Doktor. »Das ist sein Problem.«

Elvis' Vater dachte zwar bei sich, es müsste eigentlich des Doktors Problem sein, aber der Doktor sagte, er habe auch ohne Elvis schon genug Probleme. Elvis' Vater sagte, dies sei ein merkwürdiges Heilmittel für Elvis' Krankheit, und der Doktor sagte, das stimme, denn Elvis' Krankheit sei auch sehr merkwürdig. Und dann drohte Elvis' Vater damit, den Doktor beim Verband der Elefantenärzte anzuzeigen, worauf dem Doktor einfiel, dass ihm das schon zweimal passiert war und er Gefahr lief, disqualifiziert zu werden. Deshalb holte er jetzt seine *Große Enzyklopädie der Elepharmazie* hervor und las vor, was dort unter dem Stichwort »Pillen gegen Gedächtnisverlust« stand:

»Um sich daran zu erinnern, dass man etwas nicht vergessen will, soll man sich einen Knoten in den Rüssel machen.«

»Also bitte«, sagte der Doktor. »Dein Leiden ist geheilt. Mach dir einen Knoten in den Rüssel, und du kannst vergessen, dass du je an Vergesslichkeit gelitten hast!«

Mit diesem Rat zogen Elvis und sein Vater von dannen, und Elvis machte sich sofort einen Knoten in seinen Rüssel, um sich daran zu erinnern, dass er, wenn er sich an etwas erinnern wollte, sich einen Knoten in den Rüssel machen musste. Leider konnte er sich nicht mehr erinnern, weshalb er sich den Knoten gemacht hatte, und deshalb machte er sich noch einen, um sich daran zu erinnern, dass er seinen Vater fragen wollte, warum er sich den ersten Knoten gemacht hatte. Aber mit zwei Knoten im Rüssel kriegte er keine

Luft mehr, und er musste zum Arzt geschafft werden, damit die Knoten wieder aufgemacht werden
konnten. (Es war natürlich ein anderer Arzt, ein
Facharzt für das Entknoten von Elefantenknoten,
ein Entknotologe.)

»Wofür hast du dir denn alle diese Knoten in den
Rüssel geknüpft?«, fragte der Arzt, als er Elvis'
Rüssel entknotet hatte.

»Was für Knoten?«, fragte Elvis.

Elvis' Mutter war wütend. Sie ging mit ihm
schnurstracks zu Doktor Rüssel-Düssel zurück

und trompetete ihm unmissverständlich ins Ohr, was sie von ihm hielt: Seine Medizin habe nicht nur keinerlei Wirkung gezeigt, was die Gedächtnisschwäche ihres Sohnes betraf – die damit verbundene Erstickungsgefahr habe ihn beinahe das Leben gekostet. »Immerhin«, murmelte der Doktor, »wäre das eine Methode, die Gedächtnisschwäche zu kurieren ...«

Aber da er ziemliche Angst vor Elvis' Mutter hatte, sah er sich nach anderen Heilmitteln um; dabei fiel sein Blick plötzlich auf ein Buch mit dem Titel *Elefamnesie*, das er bislang übersehen hatte. Er sah sich kurz das Inhaltsverzeichnis an, schlug im Stichwortregister nach, überflog die Anmerkungen und ein paar einzelne Abschnitte und las dann schließlich vor:

»Um etwas nicht zu vergessen, sollte man es sich aufschreiben.«

»Bitte«, sagte er, »das Problem ist gelöst: Er soll

sich alles aufschreiben, dann wird er auch alles behalten.«

Und wieder zog Elvis von dannen, diesmal mit seiner Mutter.

»Also, Elvis«, sagte die Mutter, »schreib jetzt auf: Ich muss mir alles aufschreiben, was ich behalten will.«

»Kann ich nicht«, sagte Elvis.

»Warum nicht?«, fragte seine Mutter.

»Ich kann nicht schreiben«, sagte Elvis.

»Du Elefaltspinsel!«, sagte seine Mutter. »Warum hast du das nicht gleich gesagt?«

»Hab ich vergessen«, sagte Elvis.

Also gingen sie wieder zurück zum Doktor. Als er die beiden sah, schrie er laut los und schlug mit dem Kopf dreimal gegen die Wand.

»Jetzt reicht's aber!«, schrie er. »Mir reicht es, ich halt das nicht mehr aus!«

»Was hält er nicht mehr aus?«, fragte Elvis

Elvis' Mutter erklärte dem Arzt, dass Elvis nicht schreiben könne – der Doktor müsse sich ein neues Heilmittel überlegen. Der Doktor erklärte ihr, es gebe keine anderen Heilmittel mehr, er habe alles in seiner Macht Stehende versucht, Elvis sei ein hoffnungsloser Fall, und wenn Elvis'

Mutter ihren Sohn nicht sofort aus seiner Praxis entferne, dann werde er, der Doktor, sich hier abholen und als einen akuten Fall von Elephobie behandeln lassen.

Aber Elvis' Mutter gab nicht so leicht auf. Wenn Dr. Rüssel-Düssel ihren Sohn nicht kurieren konnte, dann wollte sie wenigstens wissen, wer es überhaupt könne. Und da fiel dem Doktor ein Kollege von der Elfenbeinküste ein, von dem man sagte, er sei der größte Pachydermatologe (was so viel heißt wie Dickhäuter-Facharzt). Er meldete sofort ein R-Gespräch mit dem Kollegen an (das ist ein Telefongespräch mit einer Art Rüss-Zah-

lungsvereinbarung), und der brachte ihn auf eine glänzende Idee.

»Im Grunde«, berichtete der Doktor, »braucht ihr nur die anderen Elefanten darum zu bitten, dass sie euch an alles erinnern. Wenn ihr zum Beispiel vergessen habt, wo ihr gerade seid, dann können euch eure Eltern das jederzeit sagen. Oder wenn ihr vergessen habt, was ihr tun sollt, dann können euch das auch eure Eltern sagen. Und wenn ihr vergesst, wo ihr gerade gewesen seid, braucht ihr nur jemand zu fragen. Scheut euch nie davor, jemand zu fragen. Tja – die einfachsten Lösungen sind eben doch noch immer die Besten. Lebt wohl, lebt wohl, und bitte, kommt jetzt nicht noch mal zu mir!«

Elvis und seine Mutter gingen wieder nach Hause, und sie erzählten Elvis' Vater und allen anderen Elefanten von dem neuen Wundermittel. Und als Elvis vergessen hatte, worin das neue Heilmittel bestand, erklärten es ihm seine Eltern, und als Elvis vergessen hatte, wer er selber war, da ...

»Moment mal«, sagte Elvis' Mutter, »waren wir nicht schon mal so weit?«

»Doch«, sagte Elvis' Vater, »deshalb haben wir ihn damals zum Arzt geschickt, nicht wahr, Elvis?«

»Zu was für einem Arzt?«, fragte Elvis.

Elvis war wieder an dem Punkt, wo alles angefangen hatte.

Es hatte offensichtlich keinen Zweck, den gleichen Arzt noch einmal zu befragen – die einzige Methode, mit Elvis' Vergesslichkeit fertig zu werden, bestand darin, sie zu vergessen. Und dann passierte eines Tages etwas sehr Merkwürdiges.

Ein kleines Mädchen gab Elvis ein Rosinenbrötchen, das er mit seinem Rüssel erst mal in die Luft wirbelte, bevor er es mit einem einzigen Happs verspeiste.

»Wo ist denn das Rosinenbrötchen geblieben?«, fragte er.

»Du hast es gerade gegessen«, sagte das Mädchen.

»Was habe ich gegessen?«, fragte Elvis.

»Das Rosinenbrötchen«, sagte das kleine Mädchen.

»Was für ein Rosinenbrötchen?«, fragte Elvis.

Diese Unterhaltung wird euch wahrscheinlich vertraut vorkommen. Aber dann gab das kleine Mädchen Elvis noch ein Rosinenbrötchen. Und als er das gegessen und sofort wieder vergessen hatte, gab sie ihm ein Sahnetörtchen. Und dann einen Berliner und ein Stück Sandkuchen und ein Stück Gugelhupf und ein Stück Schokoladentorte und ein Stück Geburtstagskuchen und Hochzeitstorte und einen Beutel Pfefferminzplätzchen und eine Tüte Lakritz und so weiter, und so weiter. Es war eine richtige Elefress-Orgie, und Elvis genoss jeden einzelnen Bissen.

Aber in der Nacht kriegte Elvis fürchterliche Bauchschmerzen, die früchtetortigsten, die ihn je lakritzt hatten – sie schlauchten seinen Bauch so schauderbar, dass er jaulte.

»Elefau!«, rief er. »Elefautsch! Elefaua!«

Seine Eltern ließen sofort den Rüssel-Entknoter kommen, denn sie glaubten, Elvis habe einen Knoten im Bauch.

»Was hast du zuletzt gegessen?«, erkundigte sich der Doktor bei Elvis.

Und genau in dem Augenblick geschah das Wunder.

»Ein Rosinenbrötchen«, stöhnte Elvis, »und dann noch ein Rosinenbrötchen, und dann ein Sahnetörtchen und einen Berliner und ein Stück Sandkuchen und ein Stück Gugelhupf und ein Stück Schokoladentorte und ...«

Elvis konnte sich genau an jedes einzelne Stück erinnern, das er gegessen hatte, er erinnerte sich sogar an die genaue Reihenfolge, in der er die Stücke gegessen hatte.

In dieser Nacht musste er sich ganz jämmerlich und widerlich übergeben, und als es ihm allmählich ein bisschen besser ging, war plötzlich sein Gedächtnis wiederhergestellt, und von da an konnte er alles genau behalten. Ihr denkt jetzt vielleicht, dass das ein ziemlich komisches Heilmittel war. Aber wenn ihr ein Rosinenbrötchen gegessen hättet, und dann noch eins, und dann ein Sahnetörtchen, einen Berliner, ein Stück Sandkuchen, ein Stück Gugelhupf, ein Stück Schokoladentorte, ein Stück Geburtstagskuchen und Hochzeitstorte, einen Beutel Pfefferminzplätzchen und eine Tüte Lakritz – würdet ihr das vielleicht vergessen?

Wölfe gegen Karnickel
11:0

Hallo! Wolfie ist der Name – meiner, nicht eurer! (Höchstens wenn ihr selber Wolfie heißt.) Ich bin der berühmte Wolfie, der ziemlich unfair und gemein von Rotkäppchens Oma totgeschossen wurde. Ihr kennt natürlich die Geschichte. Wenn nicht, habt ihr Pech gehabt, denn ich werde sie nicht noch einmal erzählen – ich hab sie nämlich schon so oft erzählt, dass ich sie allmählich selber glaube.

Dies hier ist eine Fußballgeschichte. Wir Waldtiere sind total Fußball verrückt. Praktisch auf jeder Lichtung kann man zwei Mannschaften dabei beobachten, wie sie eine Kokosnuss durch die Gegend kicken. Wer hat noch nicht von Geier München, Marder Bremen, Schweintracht Frankfurt oder Schakal 04 gehört? Die größte Mannschaft aller Zeiten aber war der VFB Wolfsburg, und der größte Tag in der Geschichte dieser Mannschaft war der Sieg im WC-Pokal, ich meine den Waldsport-Club-Pokal. Meine angeborene Bescheidenheit verbietet es mir, an dieser Stelle zu erwähnen, dass ich der Kapitän der siegreichen Mannschaft war – vielleicht sollte ich es aber doch erwähnen: Ich war tatsächlich der Kapitän!

Ein unvergesslicher Tag! Natürlich war der WC-Pokal das größte Sportereignis im ganzen Wald, vielleicht ist er das immer noch. Nachdem Rotkäppchens Oma mir vier Kugeln in den Bauch geballert hatte, verlor ich für eine Weile das Interesse am Fußball, ja das Interesse an fast allen

schönen Sachen. Aber in der guten alten Zeit vor Rotkäppchens Oma lebte ich praktisch für den Fußball. Und der stolzeste Tag in diesem Leben war der Tag, als ich meine Mannschaft zum Sieg im WC-Pokal führte.

Die Waldfußball-Regeln sind genauso wie die normalen Regeln, mit einer Ausnahme: Es gibt zusätzlich die Bestimmung, dass ein Spieler, der dabei erwischt wird, wie er einen gegnerischen Spieler auffrisst, automatisch vom Platz gestellt wird. Damals, als die gute alte Zeit noch nicht so gut war, dass alles mit rechten Dingen zuging, musste diese Regel ziemlich häufig in Kraft treten. Im strengen Winter '78 gab es die berühmte Situation, als bei unserem Spiel gegen die Enten nur noch der Schiedsrichter auf dem Platz stand; das Spiel wurde abgebrochen und als Unentschieden gewertet – zum Wiederholungsspiel traten die Enten nicht mehr an.

Aber ich wollte ja von dem Jahr erzählen, in dem wir den Pokal gewannen – eigentlich wollte ich nur von dem Endspiel erzählen. Ganz besonders ausführlich wollte ich euch die glänzende Taktik beschreiben, mit der wir uns den Pokal holten. Nebenbei gesagt, ich war damals Mannschaftskapitän. Hatte ich schon erwähnt, dass ich damals Kapitän war?

Unsere Gegner in diesem Spiel war der HSV, der Hasen-Sportverein der Kaninchen, und wir wussten, dass das keine leichte Aufgabe war. Die Karnickel hatten den Pokal schon zweimal hinter-

einander gewonnen – ich meine wirklich hintereinander, denn ihre besondere Eigenart und Stärke war, dass sie dauernd hinter uns herrannten – ihre Geschwindigkeit war einfach atemberaubend. Sie rannten so schnell, dass man glaubte, es wären statt elf mindestens fünfzig Mucker auf dem Platz. (Bei Spielbeginn waren es ganz sicher nur elf, aber man weiß ja, wie schnell sich Kaninchen vermehren.) Die Karnickel waren jedenfalls die heißen Favoriten – wir dagegen krasse Außenseiter oder Außenwölfe, oder wie sagt man? Die Moral unserer Mannschaft war auf den Tiefpunkt gesunken.

»Wir haben keine Chance«, stöhnte Wilfie, unser Torwart. »Ihr wisst ja, was die letztes Jahr mit uns gemacht haben!«

»Was haben sie denn mit uns gemacht?«, fragte ich und tat so, als ob ich alles vergessen hätte.

»Sie haben 47:0 gewonnen«, knurrte er.

»Du hattest wohl einen schwarzen Tag erwischt«, sagte ich vorsichtig.

»Wilfie war der Einzige von uns, der den Ball überhaupt berührt hat«, sagte Willy, unser Mittelstürmer, »wenn man mal von meinem Anstoß absieht.«

»Ich hab den Ball immer nur aus dem Netz geholt«, wimmerte Wilfie.

»Aber das war letztes Jahr!«, sagte ich, um die
Stimmung ein bisschen zu heben.

»Und was ist in diesem Jahr anders?«, fragte
unser Linksaußen.

»Ich bin euer Kapitän«, sagte ich.

»Und was macht das für einen Unterschied?«,
fragte unser Rechtsaußen.

Ich konnte es ihm nicht genau sagen. Auf solche
Fragen war ich nicht vorbereitet. Ich tat jedenfalls
alles, was ich konnte, um der Mannschaft Mut zu
machen, aber am Ende unseres Trainingslagers
waren alle davon überzeugt, dass wir von Glück

sagen konnten, wenn wir diesmal 50:0 verloren.
»Betrachtet das doch mal von der positiven Seite«,
sagte ich. »Wenn wir genauso spielen wie letztes
Jahr, verlieren wir bloß 47:0.«
Aber keiner hörte mehr zu.
Als ich an diesem Abend nach Hause kam, merkte
meine Frau gleich, dass meine Stimmung nicht die
beste war.
»Was ist los mit dir?«, fragte sie. »Du siehst aus,
als ob du eine Einladung zum Holzfäller-Ball gekriegt hättest.«
Meine Frau war sehr feinfühlig, was meine Stim-
mungen betraf. Ich erklärte ihr, wo das Problem
lag.

»Oje«, sagte sie, »du und dein Fußball! Das ist doch bloß ein Spiel!«

Meine Frau verstand wirklich nicht viel von Fußball.

»Ein Spiel?«, sagte ich. »Ein *Spiel*? Dies ist das Pokalendspiel!«

»Ist das nicht auch ein Spiel?«, fragte sie.

Geduldig erklärte ich ihr, was das Besondere an einem Pokalendspiel ist.

»Für mich bleibt es trotzdem bloß ein Spiel«, sagte sie.

Die Unterhaltung mit meiner Frau war genauso anregend wie die mit unserem Torwart. Ich gab meinem Ältesten eins hinter die Löffel, weil er so laut atmete, und dann legte ich mich in eine Ecke unserer Höhle, um mir in Ruhe unsere Taktik zu

überlegen. Aber als einzige Taktik fiel mir ein, dass ich mir am Morgen des Endspieltages eine Muskelzerrung zuziehen könnte.

»Ich hätte nicht gedacht, dass diese Kaninchen euch solche Sorgen machen«, sagte meine Frau später am Abend.

»Du hast sie eben noch nicht spielen sehen«, sagte ich.

»Warum fresst ihr sie nicht einfach auf?«, schlug sie vor.

»Weil das gegen die Regeln ist«, sagte ich lahm.

»Was für Regeln?«

Und wieder erklärte ich ihr geduldig die Zusammenhänge.

»Hm«, sagte sie, als ich fertig war, »ich sehe da kein Problem.«

»Was soll das heißen – kein Problem?«, fragte ich.

»Überlass mir die Sache!«, sagte sie.

»Aber du verstehst doch nichts vom Fußball!«, rief ich.

»Dazu braucht man nichts vom Fußball zu verstehn«, antwortete sie. »Ihr sollt euren albernen kleinen Pokal kriegen, damit endlich Ruhe herrscht!«

Wenn meine Frau erklärt, sie wolle eine Sache in

die Hand nehmen, dann besorgt sie das meistens sehr gründlich, aber wie sie eine 50:0-Niederlage in einen Sieg verwandeln wollte, war mir schleierhaft. Doch dann setzte sie mir ihren Plan auseinander.

»Das kannst du nicht machen!«, sagte ich.

»Kann ich doch!«, sagte sie. »Und ich tu's auch!«

»Ausgeschlossen!«, sagte ich.

»Wart nur ab!«, sagte sie.

Am nächsten Tag aß meine Frau nichts zum Frühstück; sie behauptete, sie müsse sofort mit dem Training anfangen. Nachdem ich gefrühstückt hatte, zeigte ich ihr das Stadion.

»Kein Problem«, sagte sie, »solange du sicher bist, dass diese Regeln gelten.«

»Natürlich bin ich sicher, ich kenne die Regeln!«, sagte ich.

»Wenn das so ist, dann habt ihr den Pokal schon in der Tasche.«

Von da ab hatte ich keine Zweifel mehr, aber ich sagte der Mannschaft noch nichts von dem Plan. Unvorsichtiges Geschwätz hat schon so manche Mannschaft den Pokal gekostet. Deshalb lachte ich nur über den Pessimismus meiner Mitspieler, überraschte sie mit meiner Siegeszuversicht und

stellte schon ein paar Flaschen kalt für unsere Siegesfeier. Sie hielten mich für verrückt.

»Wolfie ist übergeschnappt!«, sagte Willy.

»50:0!«, stöhnte Wilfie. »Und das will er noch feiern!«

»Vertraut eurem Kapitän«, sprach ich mit der stillen Autorität des geborenen Führers. »Den Pokal haben wir so gut wie im Sack.«

Endlich war der entscheidende Tag gekommen. Meine Frau wollte alleine ins Stadion gehen. Ich schickte unsere Kinder auf die Tribüne, wo sie eine wichtige Rolle übernehmen sollten. Und dann schlenderte ich in unseren Umkleideraum.

»50:0!«, stöhnte Wilfie, unser Torwart. »Ihr macht mich zum Ober-Deppen des Waldes!«

»Wir brauchen gar nicht erst auf den Platz zu laufen«, sagte Willy, unser Mittelstürmer. »Am besten ist, wir streiken einfach.«

»O ihr Kleingläubigen!«, rief ich. »Ich sage euch doch – wir können gar nicht verlieren! Macht euch fertig zur Platzbesichtigung!«

»Friedhofsbesichtigung wäre wohl besser«, murmelte Wilfie.

Der Anstoß war auf fünfzehn Uhr angesetzt. Genau um vierzehn Uhr führte ich meine Mannschaft auf den Platz, zur Inspektion des Rasens. Unsere Fans brachen in laute Hochrufe aus; die Fans, das waren unsere acht Kinder. Die anderen Wölfe hatten es vorgezogen, zu Hause zu bleiben. Wer will schon dabei sein, wenn die eigene Mannschaft eine 50:0-Packung bezieht! Von den Millionen Kaninchen auf der gegenüberliegenden Tribüne kamen laute Buh-Rufe, die in Hurra-

Schreie übergingen und in wildes Trommeln mit den Hinterläufen, als die Karnickel-Mannschaft auf den Platz gehoppelt kam.

»Seid ihr bereit zum großen Schlachtfest, Wolfie?«, frotzelte der Kaninchen-Kapitän.

»Hoho, sehr munter, du kleiner Mucker!«, sagte ich. »Wartet nur, bald geht euch der Steiß auf Grundeis!«

»Haha«, sagte der Kaninchen-Kapitän, »du bist wohl der lustige Libero?«

»Und du das beknackte Karnickel!«, erwiderte ich wie aus der Pistole geschossen.

Verbal hatte ich hier klar den Sieg davongetragen, wobei der Mucker ihn mir allerdings etwas vergällte mit einer dämlichen Bemerkung in dem Sinne, dass ich wohl der Trottel vom Dienst in der Klapsmühle für Wölfe sei. Und dann führte er seine Mannschaft auf der einen Seite wieder vom Platz und ich meine Mannschaft auf der anderen Seite.

Bevor wir im Umkleideraum verschwanden, gab ich meinen Kindern heimlich ein Zeichen. Sofort begannen sie damit, ein wenig überzeugendes Lied anzustimmen mit dem Text »Wir sind die wahren Weltmeister!« Es klang ziemlich kläglich, aber es erfüllte seinen Zweck. Sofort erhob sich nämlich von der gegenüberliegenden Seite ein Sturm von Buh-Rufen, und dann erscholl aus einer Million Karnickelkehlen das unvergleichliche Lied »So ein Tag, so wunderschön wie heute!«. Genau mit dieser Reaktion hatten wir gerechnet. Je lauter sie sangen, desto weniger würden sie hören.

Um vierzehn Uhr fünfundfünfzig führte ich meine Mannschaft wieder auf den Platz. Inzwischen war das Stadion rappelvoll – fast nur mit Kaninchen. In ihrer typischen, unsportlichen Haltung buhten sie uns erbarmungslos aus, wurden aber allmählich stiller, weil sie darauf warteten, dass ihre Helden endlich auf dem Platz erschienen.

Sie mussten sehr lange warten.

»Wo bleiben die denn?«, brummte Boris, der Bär,

den man zum Schiedsrichter gemacht hatte, weil mit ihm nicht gut Kirschen essen war.

»Keine Ahnung«, log ich. »Wahrscheinlich haben sie sich vor Angst in die Hosen gemacht.«

Alle Augen richteten sich jetzt auf den Umkleideraum der Kaninchen, aber kein Geräusch und keine Bewegung drangen nach außen.

»Wenn sie nicht bald auf dem Platz erscheinen, werde ich die Wölfe kampflos zu Siegern erklären«, sagte Boris.

»Ach du lieber Himmel!«, sagte ich. »Was für eine scheußliche Vorstellung!«

»Hat irgendeiner die Kaninchen gesehen?«, brummte der Bär, dessen Laune sich zusehends verschlechterte.

»Ja, wir alle haben sie gesehen«, antwortete ich. »Vor einer halben Stunde waren sie noch hier und versuchten, uns Angst einzujagen. Soll ich mal gucken, wo sie abgeblieben sind?«

»Ja«, jaulte der Bär. »Und beeil dich ein bisschen!«

»Selbstverständlich, Herr Bär«, sagte ich und trabte über den Platz. Ich blieb vor dem Kaninchen-Umkleideraum stehen und rief mit lauter Stimme, die über den ganzen Platz schallte:

»Kommt jetzt raus, liebe Freunde! Der Schiedsrichter möchte das Spiel anpfeifen und wir wollen ihn nicht länger warten lassen!«

Keine Antwort.

»Mach die Tür auf!«, röhrte Boris, der Bär.

Gehorsam öffnete ich die Tür.

»Na, so was!«, rief ich aus. »Niemand hier!«

Erstauntes Luftschnappen rings im Stadion.

»Absolut niemand hier!«, wiederholte ich. »Die kleinen Feiglinge haben sich aus dem Staub gemacht! Die Hintertür haben sie offen gelassen!«

Der Umkleideraum war in der Tat wie leer gefegt. Die einzigen Überreste unserer Gegner waren ein paar verstreute Knäuel Kaninchenwolle auf dem Fußboden.

»Das reicht jetzt«, röhrte Boris. »Keine Kaninchen, kein Endspiel. Ich erkläre hiermit die Wölfe zu den Pokalgewinnern!«

Es war ein stolzer Tag für mich, den Kapitän der Mannschaft, die den Pokal gewonnen hatte. Meine Mannschaftskameraden trugen mich auf den Schultern vom Platz. Ein paar Zuschauer beschwerten sich natürlich, aber da beide Mannschaften schon auf dem Platz gewesen waren und alle gesehen hatten, wie sie in ihre jeweiligen

Umkleideräume gegangen waren, konnte von irgendwelchen Regelverstößen keine Rede sein. Schließlich war es nicht unsere Schuld, dass die Kaninchen sozusagen die Mücke gemacht hatten. Wir feierten die ganze Nacht durch und noch den halben nächsten Tag. Wir hatten für die größte Überraschung der Sportgeschichte gesorgt – seit der Igel den Hasen im Wettlauf geschlagen hatte. Es war nur schade, dass meine Frau nicht mitfeiern konnte, aber ich erklärte meinen Mitspielern, dass sie sich nicht besonders für Fußball interessierte.

Hinzu kam, dass sie sich an diesem Nachmittag ganz schlimm den Magen verdorben hatte.

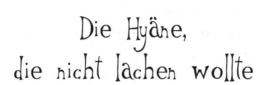

Die Hyäne,
die nicht lachen wollte

Helene, die Hyäne, hätte eigentlich umgetauft werden müssen – Ziggi, die Zimtzicke, wäre ein besserer
Name für sie gewesen. Den ganzen Tag schlief sie und
die ganze Nacht zickte sie herum; Harry, ihr Gatte,
hatte allmählich gründlich die Nase voll von diesem
Leben. Hyänen sind schließlich berühmt dafür, dass

sie gerne lachen. Aber jedes Mal, wenn Harry lachte, giftete Helene los:

»Vom Kichern wird keiner satt!«

Oder: »Jagen solltest du, nicht juchzen!«

Oder: »Dein blöder Koller macht den Bauch nicht voller!«

Wenn Helene in der Nähe war, gab es für niemanden etwas zu lachen.

»Die Tage sind zum Schlafen da«, pflegte sie zu sagen, »die Nächte für die Jagd. Zum Lachen bleibt da keine Zeit.«

Harry war eine sehr liebe Hyäne; er stritt sich ungern und hatte ein großes Harmoniebedürfnis. Er gab seiner Frau immer die größten Bissen, entschuldigte sich höflich bei seiner Beute, bevor er ihr den Hals umdrehte, und sprach, wenn er sie aufgefressen hatte, ein Dankgebet (seine Opfer wussten mit dieser Art von Höflichkeit allerdings wenig anzufangen). Lachen machte ihm am meisten Spaß, und er konnte nicht begreifen, warum er nicht lachen sollte, wenn ihm danach zumute war.

»Wenn das Leben wirklich nur aus Schlafen und Fressen besteht, wie Helene behauptet«, sagte er zu seinem Bruder Hugo, »dann könnte ich ebenso gut ein Hausschwein sein.«

»Hohoho!«, lachte Hugo. »Ein guter Witz!«

»Nicht schlecht, was?«, sagte Harry.

»Worüber lacht ihr schon wieder?«, giftete Helene. »Vom Lachen kriegt ihr keine Lebensmittel!«

»Verzeihung, Liebes«, sagte Harry, »wir wollten dich mit unserer Fröhlichkeit nicht verstimmen.«

»Ich verstehe nicht, wie du diese Giftnudel heiraten konntest«, sagte Hugo, als sie außer Hörweite waren. Und dann lachten die beiden so laut los, dass sie schnell wieder in Hörweite gerieten.

»Hört mit dem Herumalbern auf und fangt mit dem Umherjagen an!«, rief Helene.

»Aber gewiss doch, Liebling«, rief Harry zurück, »dein Wunsch ist uns Befehl!«

Aber obwohl Harry so tat, als ließe er sich seine heitere Stimmung von niemandem verderben, war er doch im Grunde seiner Seele sehr traurig.

Nachts wachte er mit schwerem Herzen auf: Oben am Himmel stand zwar der Mond, unten auf Erden aber lag ein maulendes Weib neben ihm. Wenn er nicht auf Jagd ging, motzte Helene, und wenn er auf Jagd ging, motzte sie auch. Wenn er mit einem Karnickel nach Hause kam, hatte sie mit einem Kalb gerechnet, wenn er ein Kalb anbrachte, wollte sie eine Ziege, zeigte er ihr eine Ziege, hatte sie Appetit auf Antilope, kam er mit einer Antilope angelopt, hätte sie lieber einen Hirsch gehabt. Kam er mit einem Hirsch angehechelt ...

Eines Abends kam er tatsächlich mit einem Hirsch angehechelt. Er hatte unglaubliches Glück gehabt. Ein Löwe musste den Hirsch gerissen und ihn

dann aus irgendwelchen Gründen liegen gelassen haben. Harry hatte laut geschmatzt, als er den toten Hirsch sah. Hyänen sind besonders scharf auf Hirschbraten. Eine Scheibe Hirsch ist für Hyänen wie Banane für Affen, Fisch für Katzen, Schokoladentorte für – ihr wisst schon, für wen. Der Hirsch war so schwer, dass Harry, Hugo und ein halbes Dutzend Helfer anpacken mussten, um ihn nach Hause zu schleppen.

»Was ist das denn?«, zickte Helene, als sie die Bescherung sah.

»Das ist ein Hirsch, Liebling!«, sagte Harry.

»Das sehe ich auch«, sagte Helene. »Und was soll der hier?«

»Er wartet darauf, verspeist zu werden, Süße.«

»Ich hatte mich heute auf Ziegenbraten eingestellt.«

»Entschuldigung, Schatzi, aber beim Chinesen gab's heute bloß Hirschragout!«

»Das ist sehr ärgerlich.«

»Dass sie ihre Ziege nicht kriegt, macht sie noch zickiger!«, flüsterte Hugo Harry zu.

»Hahohi!«, wieherte Hugo.

»Vom Wiehern kriegt man keine Ziegen!«, sagte Helene schnippisch. »Nun ja, dann muss ich eben

mit Hirsch vorlieb nehmen. Macht mal Platz – ich will ihn probieren!«

Aber Harry machte ihr keinen Platz. Harry hatte plötzlich einen glänzenden Einfall. Trotz der giftigen Bemerkungen seiner Frau wusste er, dass dieser Hirsch etwas ganz Besonderes war – jede Hyäne hätte ihn für ihr Leben gern gehabt. Warum sollte er daraus kein Kapital schlagen?

Deshalb rief er laut: »Hierher, Hyänen!«, und versammelte seine Artgenossen zu einer Beratung um sich.

»Was hast du jetzt vor?«, giftete Helene.

»Ich will dich glücklich machen, du Sonne meines Lebens!«, flötete Harry.

»Dann beeil dich gefälligst«, knurrte Helene, »ich hab Hunger!«

Harrys Rede an die anderen Hyänen war kurz und knapp. Er rief einen Wettbewerb aus. Die erste Hyäne, der es gelang, Helene zum Lachen zu bringen, sollte als Preis den ganzen Hirsch bekommen.

»Wer den besten Witz weiß, kriegt das ganze Hirschfleisch!«, witzelte Harry.

Die Hyänen heulten vor Begeisterung. Einen solchen Preis hatte es noch nie gegeben; es konnte doch nicht so schwierig sein, etwas zu tun, was Hyänen hygienisch finden, weil es ihrer Natur entspricht. Rasch bildete sich eine lange Hyänen-Schlange. Alle erboten sich, ein Lächeln auf die Lippen der griesgrämigen Helene zu zaubern.

Der erste Kandidat war Hugo; er hielt sich für einen Spezialisten im Grimassenschneiden. Er kniff die Augen zusammen, verdrehte die Nase

nach rechts und schob den Mund nach links, wackelte mit den Ohren und steckte die Zunge ins linke Nasenloch.

»So siehst du immerhin besser aus als normal!«, zischte Helene. Hugo zog ziemlich bedeppert ab.

Der zweite Kandidat war ein Akrobat. Er machte Kopfstand auf der Nase, ruderte mit den Hinterbeinen in der Luft, schlug einen Purzelbaum, machte eine Bauchlandung, sprang in die Luft, twistete und rockte, landete auf einer Pfote und fiel schließlich voll auf die Schnauze.

»Ungehobelter Klotz!«, fauchte Helene.

Der dritte Kandidat war ein Pantomime. Er bedeckte sein Maul mit den Vorderpfoten und machte WUU-WUU-WUU. Dann nahm er die Vorderpfoten vom Maul und machte noch einmal WUU-WUU-WUU (es hörte sich genauso an wie

beim ersten Mal). Dann streckte er ein Hinterbein in die Luft, verrenkte sich mächtig den Hals und machte zum dritten Mal WUU-WUU-WUU – wieder hörte es sich genauso an wie das erste Mal.

»Was soll der Blödsinn?«, fragte Helene.

»Das erste WUWU war eine Eule«, sagte der Pantomime. »Das zweite ein Hund und das dritte ein Wolf.«

»Für mich klangen sie alle wie ein und dieselbe schwachsinnige Hyäne«, sagte Helene, woraufhin auch der dritte Kandidat bedripst von dannen zog. Der vierte war ein Komiker, der Helene eine lustige Geschichte zu erzählen versprach.

»Das wird ein Hammer!«, sagte er. »Die lustigste Geschichte, die du je gehört hast. Sie handelt von einem Fußballspiel, und zwar dem Pokalendspiel zwischen den Ameisen und den Elefanten.«

»Fußball interessiert mich nicht«, sagte Helene.

»Macht nichts«, sagte der Komiker, »du lachst dich trotzdem kaputt! Stell dir vor, Ameisen gegen Elefanten ... Pokalendspiel ... zehn Sekunden vor dem Abpfiff steht es 0:0 ... kein Tor ist gefallen ... 0:0 ... und da kommt dieser Ameisen-Flügelstürmer ...«

»Ameisen haben keine Flügel«, sagte Helene.

»Flugameisen aber doch!«, sagte der Komiker.

»Hahaha! Wie findest du den Witz?«

»Ist die Geschichte zu Ende?«, fragte Helene.

»Nein, nein«, sagte der Komiker. »Dieser Ameisen-Flügelstürmer macht also einen flotten Flankenlauf, umspielt die gesamte Verteidigung, dribbelt um den Torwart herum, hat das leere Tor vor sich, will gerade den Ball reinschieben … da passiert es: *Knirsch-knarsch*, der Elefanten-Torwart zertrampelt die Ameise, zerquetscht sie zu Mus. Die Menge brüllt. Der Schiedsrichter, eine Giraffe, geht wütend auf den Elefanten-Torwart zu und will ihm gerade die rote Karte zeigen, als er merkt, dass der Elefant in Tränen aufgelöst ist. ›Warum hast du das getan?‹, fragt die Giraffe. – ›Es tut mir ja so Leid‹, schluchzt der Elefant, ›ich wollte ihn nicht zerquetschen, ich wollte ihm bloß ein Bein stellen!‹« Der Komiker wollte sich schier ausschütten vor Lachen.

»Na und?«, fragte Helene.

»Wieso und?«, fragte der Komiker.

»Was ist daran so komisch?«, fragte Helene.

»Er wollte ihm bloß ein Bein stellen!«, kreischte der Komiker. »Stell dir vor – ein Elefant will einer Ameise ein Bein stellen!«

Alle Hyänen ringsum kugelten sich vor Lachen, alle bis auf eine – Helene.

»Ich mach mir nichts aus Fußball«, keifte sie. »Fußball ist langweilig, genauso langweilig wie deine Geschichte!«

Und so ging es weiter. Eine Hyäne nach der anderen versuchte, Helene zum Lachen zu bringen, aber ihre Stimmung wurde nur immer schlechter, denn inzwischen kam nicht nur die Zimtzicke in ihr zum Vorschein, sondern obendrein noch eine

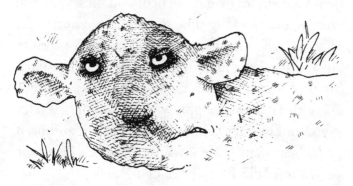

ziemlich hungrige Zimtzicke. Sie war so hungrig, dass sie ein Karnickel und ein Kalb und eine Ziege und eine Antilope nacheinander hätte fressen können. Sogar einen Hirsch.

Am Ende war nur noch eine Hyäne übrig geblieben. Es war eine alte, runzlige Hyäne, die mühsam nach vorn gehumpelt kam; ihr Gesicht sah mindestens so griesgrämig aus wie das von Helene, und Harry war im Begriff, alle Hoffnung fahren zu lassen.

Die Uralt-Hyäne humpelte ganz dicht an Helene heran und beugte sich ganz nah zu ihrem Gesicht vor. Und dann flüsterte sie ihr etwas ins Ohr, was keiner hören konnte. Die beiden Hyänen sahen sich an. Und dann geschah das Wunder. Ein Lächeln breitete sich auf Helenes Gesicht aus, und dem Lächeln folgte ein Lachen, und dieses Lachen war so laut, so lang und so lustig, wie nur je ein Hyänenlachen gewesen ist. Die Hyänen ringsum japsten vor Erstaunen, Harry fiel der Länge nach hin und strampelte mit den Pfoten in der Luft.

Die alte Hyäne schleppte sich in Richtung erster Preis, und Helene konnte gar nicht mehr aufhören zu lachen – am Ende schien es fast, als fielen ihr vor Lachen die Zähne aus dem Maul. Harry lief hinüber zur Gewinnerin des Wettbewerbs und erwischte die Alte, kurz bevor sie ihre lockende Belohnung erreicht hatte. Helene lachte immer noch.

»Der Hirsch gehört dir«, sagte Harry. »Herzlichen Glückwunsch! Aber verrate mir bitte eins: Was hast du meiner Frau ins Ohr geflüstert?«

»Ich hab ihr bloß gesagt«, antwortete die alte Hyäne, »wenn du so lange lachst, bis ich mir den Hirsch unter den Nagel gerissen habe, kriegst du die Hälfte ab!«

Der fidele Felix
und Lady Amanda

Lady Amanda Ameis war überaus geschäftig. Lady Amanda war immer geschäftig. Bei jedem Wetter, zu jeder Tageszeit, egal woher der Wind wehte und wie die Lage der Nation gerade war – Lady Amanda Ameis war immer am Schrubben und Striegeln, Wirken und Werkeln, Suchen und Sammeln. Morgens, mittags und abends war Lady Amanda zugange.

Felix, der fidele Grashüpfer, war auch ständig zugange. Er hüpfte unentwegt durch die Gegend, sang, fraß, trank – und amüsierte sich köstlich dabei. Wenn irgendwo eine Party war, war der fidele Felix dabei, und wenn nirgendwo eine Party war, versuchte er, eine auf die Beine zu stellen. Morgens, mittags und abends amüsierte sich der fidele Felix köstlich.

»Was ist denn mit dir los?«, pflegte er zu Lady Amanda zu sagen. »Was hast du von diesem ewigen Schaffen? Amüsiere dich, solange du kannst – so wie ich es mache!«

»Warte nur, bis der Winter kommt«, sagte Lady Amanda, »dann wirst du erleben, was ich von meinem ›ewigen Schaffen‹ habe! Und was du von deiner Amüsiersucht hast!«

»Ich habe keine Angst vor dem Winter«, sagte Felix, »der kommt ja doch nicht!« Und er hüpfte weiter, mit munteren Sprüngen und lustigem Zirpen, während Lady Amanda geschäftig eine tote Spinne nach Hause zerrte, das Gesicht in Falten legte und nach weiteren toten Spinnen Ausschau hielt.

Als der Herbst kam, hüpfte Felix nicht mehr ganz so munter, und sein Zirpen war nicht mehr ganz

so lustig; Lady Amanda dagegen fuhr unbeirrt fort mit ihrem Schrubben und Striegeln, Suchen und Sammeln.

»Du solltest mehr ausgehen und dich amüsieren!«, sagte Felix zu ihr. »Denk daran, das Leben ist kurz. Heute noch auf stolzen Rossen, morgen durch die Brust geschossen!«

»Warte nur, bis der Winter kommt«, sagte Lady Amanda. »Dann ärgerst du dich, dass du dich bloß amüsiert hast, anstatt zu arbeiten wie ich.«

»Nie und nimmer«, sagte Felix. »Der Winter kommt ja doch nicht – hoffe ich jedenfalls!«

Aber natürlich kam der Winter dann doch. Zuerst war es bloß ein bisschen kälter, und Felix konnte immer noch herumhüpfen und genug Nahrung für sich finden.

»Ganz schön kalt heute!«, sagte er zu Lady Amanda. »Hoffentlich wird es nicht noch kälter – dann geht es mir schlecht! Ha-ha-huh!«

»Es wird bestimmt noch kälter, und dir wird es bestimmt noch schlechter gehen!«, sagte Lady Amanda.

»Das glaube ich nicht«, sagte Felix. »Ich werde es schon packen!«

Aber als der Nordwind zu wehen und der Schnee zu fallen begann, fing Felix zu frieren an; er bekam großen Hunger und machte sich auf zu Lady Amandas Wohnung und klopfte kläglich an ihre Tür.

»Wer ist da?«, fragte sie.

»Ich b… b… bin's«, sagte Felix. »Dein n… netter Nachbar, der Grashüpfer! Ich wollte dich bloß ein bisschen aufmuntern!«

»Vielen Dank – ich brauche keine Aufmunterung«, sagte Lady Amanda.

»Aber ich«, sagte Felix. »K... k... kann ich ein b... bisschen r... rein ...?«

»Ein bisschen was?«, fragte Lady Amanda.

»Ein bisschen den Kopf in die Tür reinstecken vielleicht?«, sagte Felix.

»Geh und amüsier dich – das tust du doch so gern«, sagte Lady Amanda.

»Das würde ich ja auch, wenn ich k... könnte, aber mir ist ja so k... k... kalt!«

Lady Amanda hatte ein großes Ameisenherz, deshalb machte sie die Tür auf und ließ den fröstelnden Grashüpfer herein.

»Für einen kleinen Augenblick darfst du reinkommen«, sagte sie.

»Oh, bei dir ist es ja warm und gemütlich!«, sagte Felix. »Hätte ich doch auch nur so ein molliges Plätzchen!«

»Mehr arbeiten, weniger ausgehen«, sagte Lady Amanda. »Wenn du dich an diese Regel hältst, kannst du dir so etwas auch leisten.«

»Und diese Vorräte!«, sagte Felix. »Donnerwetter! Damit könntest du einen Supermarkt aufmachen!«

»Mehr schaffen, weniger schlampen«, sagte Lady Amanda, »dann kannst du auch so einen Lebensmittelladen haben!«

»Ihr Reichen habt gut reden«, sagte Felix. »Es ist nicht fair, dass ihr uns Armen Moralpredigten haltet. Warum habt ihr's warm und trocken, während wir im Regen stehen?«

»Mehr Schweiß, weniger Schunkeln«, sagte Lady Amanda, »dann hast du's genauso warm und trocken wie ich!«

»Ich bin dafür eben nicht geboren«, sagte Felix. »Und außerdem – warum werde ich dafür bestraft, dass ich ein fröhliches, aber faules Gemüt habe? Ich kann nichts dafür, dass mir die Arbeit keinen Spaß macht!«

»Ich auch nicht«, sagte Lady Amanda.

»Das habe ich auch nicht behauptet«, sagte Felix. »Aber davon wird es nicht besser. Darf ich dir einen Vorschlag machen? Ich bleibe den Winter über bei dir, und wir machen halbe-halbe – du kriegst von allem die eine Hälfte und ich die andere. Ich finde, das ist ein fairer Vorschlag.«

»Fair wäre er nur, wenn du auch die Hälfte der Arbeit geleistet hättest«, sagte Lady Amanda, »aber da ich die ganze Arbeit allein gemacht habe, sehe ich nicht ein, warum ich dir die Hälfte abgeben soll. Schönen Dank für deinen Besuch – auf Wiedersehen!«

Lady Amanda zeigte auf die Tür. Hinter der Tür heulte der Nordwind so laut, dass jedes Grashüpferbein eine Gänsehaut kriegte. Felix verkündete, dass er nicht gehen werde.

Lady Amanda erklärte ihm, dass er gehen müsse. Felix sagte, er denke nicht daran. Lady Amanda sagte, dass sie ihn in diesem Fall beißen müsse. Felix sagte, dann werde er ihr einen gewaltigen Stoß versetzen. Lady Amanda sagte, er sei ein grober Klotz. Felix sagte, sie sei ein mickriges Kriechtier. Lady Amanda wurde sauer wie Ameisensäure und Felix hätte in die Luft hüpfen können vor Wut. Lady Amanda sagte, er hätte eine Meise, und Felix sagte, über ihr Benehmen wolle er lieber Gras wachsen lassen. Lady Amanda sagte, sie würde diese Sache am andern Ort vor-

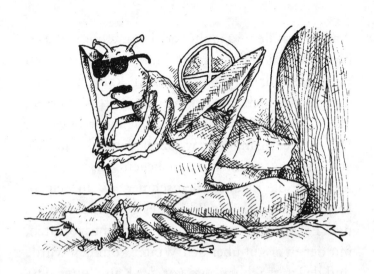

tragen, und Felix sagte, er habe sie zum Fressen gern. Und dann biss Lady Amanda Felix ins linke Bein und Felix gab Lady Amanda mit seinem rechten Bein einen gewaltigen Stoß. Felix humpelte durchs Zimmer und jammerte: »Oh! Ah! Au!«, während Lady Amanda mitten im Zimmer liegen blieb und gar nichts mehr sagte.

»Oh-ah-au!«, rief Felix. »Ich kann nicht mehr zirpen! Du hast mich gelähmt für den Rest meines Lebens! Wie kann man einen Freund so behandeln! Erst wolltest du mich erfrieren lassen, dann aushungern, und jetzt hast du mich noch zum Krüppel gemacht!«

Und so maulte und jaulte, heulte und humpelte er, bis er plötzlich mit seinem Fuß ganz dicht neben Lady Amandas Gesicht zu stehen kam. Er wollte ihr gerade noch einen kräftigen Tritt verpassen, als er merkte, dass sie sich nicht mehr bewegte. Das war ein ganz ungewohnter Anblick, und als er sie so mitten im Zimmer liegen sah, vergaß er plötzlich die eigenen Beinschmerzen. In seinem Kopf formte sich das Bild eines gemütlichen kleinen Eigenheims mit riesigen Nahrungsvorräten, mit denen er gut über den Winter kommen würde und das ihm Schutz böte vor der Kälte, ohne dass vorwurfsvolle, beinbeißerische, grashüpferverstümmelnde Ameisen ihm in die Quere kämen. Wenn ...

»Ähem, ist alles in Ordnung?«, fragte er. »Kannst du mich hören?«

Keine Bewegung, kein Laut.

»Du bist doch nicht etwa ... tot?«

Kein Laut, keine Bewegung.

»Du brauchst bloß ›ja‹ oder ›nein‹ zu sagen«, schlug Felix vor.

Wenn Lady Amanda »ja« gesagt hätte, wäre die Lage für Felix sehr viel mulmiger geworden, als wenn sie »nein« gesagt hätte; Gott sei Dank sagte sie aber überhaupt nichts.

»Ich hab's geschafft!«, kicherte er. »Jetzt hab ich ein Zuhause, eine sichere Unterkunft und jede Menge zu essen – und alles, ohne einen Finger dafür gerührt zu haben! Ich bin genial! Ich bin ein Genie!«

Er vergaß endgültig sein verwundetes Bein, hüpfte von der einen Seite des Zimmers in die andere und vollführte einen Tanz, der wahrhaft eines Genies würdig war. Zu diesem Tanz sang er:

»Gluck-gluck, zirp-zirp, bum-bum,
Nur ein Dummkopf legt sich krumm!
Gluck-gluck, zirp-zirp, bum-bum,
Wer schlau ist, legt Amanda um!«

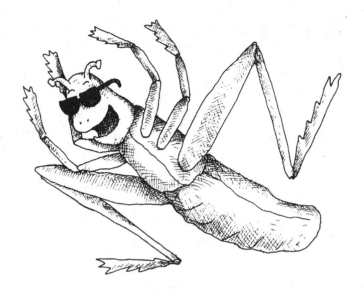

Bald aber hörte er mit dem Tanzen und Singen auf, weil sich plötzlich der Hunger bei ihm regte und weil sich – wie ihm Lady Amanda bestimmt erklärt hätte – vom Tanzen und Singen allein nun mal kein leerer Magen füllt. Er hüpfte über seine am Boden liegende Gastgeberin hinweg und machte sich auf die Suche nach Vorräten, wobei er sich vor lauter Vorfreude auf die zu erwartenden Genüsse schon die Lippen leckte. Aber was fand er in den Regalen? Eine Sammlung von toten Spinnen, Fliegen, Käfern, Bienen und Schmetterlingen …

»He«, sagte Felix, »was ist denn das! Wo ist hier das *richtige* Futter?«

Und dann suchte er immer verzweifelter nach Gras und Blättern, und ganz allmählich dämmerte ihm, dass Lady Amanda für sich natürlich bloß Fleischvorräte angelegt hatte, und wenn es irgendetwas gab, was Felix nicht vertrug, dann war es Fleisch …

Als Lady Amanda endlich aufwachte, waren die einzigen Spuren von Felix sein Fußabdruck auf ihrem Hinterteil – da, wo er sie getreten hatte – und ein Schmerz im Kopf an der Stelle, wo sie auf den Boden gestürzt war. Langsam rappelte sie sich

hoch, schüttelte den Staub ab, betastete ihre Fühler, lockerte die Beinmuskeln, fasste sich an den Brustkorb, nahm eine Kopfschmerztablette, rieb sich Salbe auf den Hintern und sprühte Deo-Spray durchs ganze Haus.

Was Felix angeht – er war wie vom Erdboden verschluckt.

Noch heute erzählen die Ameisen gerne ihren Kindern diese Geschichte und die Grashüpfer erzählen sie den kleinen Grashüpfern.

Aber das Ende der Geschichte sieht jeweils anders aus. Die Ameisen sagen:

»Wenn der Nordwind stürmt und sticht,
Öffne deine Türe nicht!«

Die Grashüpfer hingegen sagen:

»Arbeitsscheue wie dich und mich
Lässt der Nachbar gern im Stich.«

Der Igel, der unbedingt den Winter sehen wollte

»Tu, was ich dir sage!«, kommandierte Frau Igel.
»Wir müssen alle Winterschlaf halten!«

»Warum?«, fragte der kleine Ingo Igel.

»Weil *alle* Igel Winterschlaf halten!«, sagte Frau Igel.

»Warum?«, fragte Ingo.

»Weil alle Igel schon *immer* Winterschlaf gehalten haben!«, sagte Frau Igel.

»Warum?«, fragte Ingo.

»Frag nicht dauernd ›warum‹!«, sagte Frau Igel.

»Warum nicht?«, fragte Ingo.

»Darum nicht!«, sagte Frau Igel. »Und jetzt schlaf endlich!«

Aber Ingo wollte absolut nicht schlafen. Ingo wollte Würmer und Schnecken jagen, mit dem Herbstlaub spielen und Milch im Kuhstall trinken. *So* etwas sollten Igel machen – und nicht sich zu einer kleinen stachligen Kugel zusammenrollen und den ganzen Winter über schnarch-schnarch machen, wie das sein Vater und seine Geschwister gerade taten.

»Deine Augen sind noch auf«, sagte Frau Igel.

»Deine auch!«, sagte Ingo.

Peng!

»Aua!«, sagte Ingo. Frau Igel hatte gerade beschlossen, nicht mehr lange zu reden, sondern kurz zuzuhauen.

Ingo machte die Augen zu. Aber Fenster zumachen ist nicht das gleiche wie Licht ausmachen. Er

wollte eben nicht einschlafen. Er wollte wach bleiben, und er wollte der erste Igel sein, der den Winter sah. Frau Igel hatte gesagt, der Winter sei gefährlich, aber wenn alle Igel im Winter schliefen, woher wollte sie das eigentlich wissen? Vielleicht war der Winter ja die aufregendste Jahreszeit, und die Igel verpassten sie, bloß weil alle Igel-Mamas um diese Zeit so furchtbar schläfrig waren!

Es dauerte nicht lange, bis Ingo das vertraute Schnarchen seiner Mutter hörte, und als rings um ihn lauter Schnarch- und Säge-Geräusche ertönten, wusste er, dass seine Stunde geschlagen hatte. Er machte die Augen wieder auf, rollte sich auseinander, stand auf und ging auf Zehenspitzen in die Winterwelt hinaus. Jetzt würde er endlich sehen, was noch kein Igel vor ihm gesehen hatte! Als Erstes sah er einen grauen Himmel, kahle Bäume, grünes Gras und braune Erde. Die Winterwelt sah genauso aus wie die Herbstwelt.

»Hallo, Ingo!«, rief Robert, das Rotkehlchen, von der Kastanie herunter. »Was machst du denn hier um diese Jahreszeit?«

»Ich wollte mal den Winter sehen!«, sagte Ingo. »Aber wo ist er?«

»Unterwegs«, sagte Robert.

»Und was macht er, wenn er hier ankommt?«,
fragte Ingo.

»Was er macht?«, echote Robert. »Er macht einen
Eis-Igel aus dir, Ingo! Dir wird im Kopf ganz kalt,
du frierst an den Füßen, und deine Lippen zittern.
An deiner Stelle würde ich umkehren und wieder
ins warme Nest gehen!«

»Wird es im Winter *sehr* kalt?«, fragte Ingo.

»Kalt?«, sagte Robert. »So kalt, dass du Gänsehaut auf deine Stacheln kriegst!«

»Ich hab keine Gänsehaut«, sagte Ingo.

»Die kriegst du noch!«, sagte Robert.

Aber Ingo war fest entschlossen, den Winter zu sehen, und deshalb ging er einfach weiter. Es wurde wirklich kälter. Ein scharfer Wind wehte, ein Wind, der so scharf war, dass er zwischen seine Igelstacheln spitze Stöcke zu stecken schien. Bei Ingo hatte sich inzwischen der Hunger gemeldet, deshalb war er froh, als er einen Regenwurm traf, der gerade damit beschäftigt war, seine beiden Enden auseinander zu halten.

»Ich weiß nicht«, sagte der Regenwurm, »gehe ich eigentlich vorne oder hinten weiter?«

»Du kommst mir gerade recht!«, sagte Ingo und trampelte auf den Regenwurm.

»Aua!«, sagte der Regenwurm. »Das fühlt sich an wie ein Igel!«

(Regenwürmer sind blind, deshalb wissen sie auch nie, in welche Richtung sie gehen.)

»Ich *bin* ein Igel!«, sagte Ingo.

»Was machst du denn hier um diese Jahreszeit?«, fragte der Regenwurm.

»Ich will mir den Winter ansehen«, sagte Ingo.

»So ein Pech!«, sagte der Regenwurm. »Was für ein Unglückswurm ich bin! Normalerweise fressen uns Igel im Winter nie!«

»Und was machst du um diese Jahreszeit hier draußen?«, fragte Ingo.

»So ein Pech – ich hab geglaubt, ich wär nicht draußen, sondern drinnen«, sagte der Regenwurm.

»Das stimmt: Jetzt bist du drinnen«, sagte Ingo, fraß den Wurm und schluckte ihn runter.

Er hatte gerade das Ende des Regenwurms verschluckt (oder war es der Anfang?), als etwas Kaltes und Nasses auf seiner Nase landete. Zuerst dachte er, ein Vogel habe ihn aus der Luft bekleckert, aber als er nach oben blickte, sah er eine Wolke aus lauter weißen Flocken vom Himmel herunterschweben. Ein paar von diesen Flocken fielen auf ihn und schienen gleich zu schmelzen, aber andere blieben auf der Erde liegen, und nach und nach wurde sie weiß.

»Was ist das?«, fragte Ingo.

»Das ist Schnee«, sagte Herr Eichhorn aus seinem Nest oben in der Eiche.

»Was ist Schnee?«, fragte Ingo.

»Was Schnee ist?«, wiederholte Herr Eichhorn. »Schnee ist ... Nun, du weißt doch, was Gras ist?«

»Ja«, sagte Ingo.

»Und was Erde ist?«

»Ja.«

»Also«, sagte Herr Eichhorn, »Schnee ist eben Schnee. Schnee ist einfach Schnee.«

»Aha!«, sagte Ingo.

Er sprang ein bisschen herum und haschte Schneeflocken. Zuerst erwischte er eine auf seinem Kopf, dann eine auf der Nase, und dann streckte er seine

Zunge raus und fing damit eine Flocke. Sie schmeckte komisch und kitzelte ein bisschen. Dann streckte er seine Vorderpfote aus und fing damit eine Flocke, und das Gleiche machte er mit der Hinterpfote, und als er seine Vorder- und Hinterpfoten gleichzeitig ausstreckte, machte er einen Bauchklatscher.

»Das macht Spaß!«, rief er Herrn Eichhorn zu. »Komm doch runter und spiel mit!«

»Ich hab zu tun«, sagte Herr Eichhorn.

»Was hast du denn zu tun?«, fragte Ingo.

»Eigentlich nichts«, sagte Herr Eichhorn, »aber ich werde nie damit fertig!«

Bald fand Ingo es langweilig, Schneeflocken zu fangen; wenn er nämlich eine Flocke gefangen hatte, konnte er nicht viel mit ihr anfangen. Das galt auch für die nächste Flocke. Und die Nächste. Deshalb spielte Ingo jetzt ein neues Spiel: Er folgte seinen eigenen Spuren im Schnee. Das machte so lange Spaß, bis er merkte, dass er immerzu im Kreis herumging.

Inzwischen waren die Berge und Felder und Bäume weiß geworden; es war, als ob ein Riese einen Riesenbecher Milch über die Erde geschüttet hätte. Die Winterwelt war wie eine Schüssel

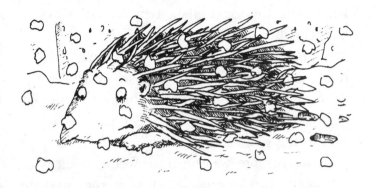

voller Schnecken oder eine Wanne voller Würmer. Aber bald kamen die Flocken immer dichter und schneller vom Himmel herunter. Es wurde immer schwerer, im Schnee zu gehen, und statt der Fußabdrücke hinterließ Ingo jetzt Beinabdrücke und dann nur noch Bauchabdrücke. Der Schnee war nicht mehr frisch und kitzlig, sondern kalt und nass, und Ingo hatte nicht mehr das Gefühl, dass er die Flocken fing, sondern dass die Flocken ihn gefangen hatten. Er hielt es noch immer für eine gute Idee, dass er den Winter gesehen hatte, aber den Winter gar nicht erst zu sehen wäre vielleicht eine noch bessere Idee gewesen.

Es wurde allmählich Zeit, nach Hause zu gehen. Bloß wie geht man nach Hause, wenn man nichts mehr sehen und sich nicht mehr bewegen kann?

Ingo lag auf einem weißen Teppich, eingewickelt in ein weißes Laken, und vor ihm hing ein weißer Vorhang. Selbst wenn ihr gewusst hättet, dass er hier lag – ihr hättet ihn nicht gesehen. Und wenn ihr nicht gewusst hättet, dass er hier lag, hättet ihr geglaubt, dass es hier nichts außer Schnee gab.

Ingo rollte sich zu einer stachligen Kugel zusammen und machte die Augen zu. Wenn er den Winter nicht sehen konnte, vielleicht würde ihn dann der Winter auch nicht sehen. Auf jeden Fall fühlte er sich sehr müde – zumindest waren die Teile seines Körpers, die er noch fühlte, sehr müde; die anderen, die er nicht mehr fühlte, fühlten gar nichts mehr. Seine letzten Gedanken gingen zu seiner Mutter, die ihm gesagt hatte, dass der Winter sehr gefährlich sei. Das stimmte nicht: Der Winter war nicht gefährlich, sondern tödlich.

Als die Sonne wieder schien und den Schnee weggeschmolzen hatte, kam im Gras, in der Nähe der Eiche, eine kleine, stachlige Kugel zum Vorschein. Ingo war nicht mehr darin. Ingo war ins Paradigel gekommen – das ist der Himmel für Igel.

»Dieser Igel ist ganz umsonst gestorben«, sagte Herr Eichhorn und schaute von seinem Eichenzweig herunter.

»Er wollte unbedingt den Winter sehen«, sagte Robert, das Rotkehlchen. »Sein Wunsch ist in Erfüllung gegangen.«

»Trotzdem schade um ihn«, sagte Herr Eichhorn. »Jetzt kann er den Frühling nicht mehr sehen.«

Der fliegende Strauß

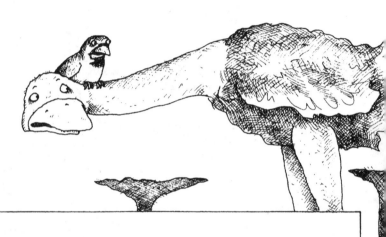

»Sei nicht albern«, sagte Speedy, der Spatz, »wenn du ein Vogel wärst, könntest du fliegen!«

»Ich bin ein Vogel!«, sagte Striezel, der Strauß. »Und ich hab auch Flügel!«

»Was nützen dir deine Flügel, wenn du damit nicht fliegen kannst?«, sagte Speedy.

»Ich kann damit fliegen!«, sagte Striezel. »Wenigstens glaube ich das.«

»Fliegen?«, rief Speedy. »Mit so einem Körper?«

»Was ist denn mit meinem Körper?«, fragte Striezel.

»Was mit dem ist?«, wiederholte Speedy. »Guck ihn dir doch an!«

Striezel machte mit seinem Hals eine Rolle vorwärts und eine Rolle rückwärts, er machte mit dem Hals ein O, ein C und eine Acht.

»Was machst du da?«, fragte Speedy.

»Ich guck mir meinen Körper an«, sagte Striezel.

»Ich finde, es ist ein sehr schöner Körper!«

»Einem Strauß mag er ja sehr schön vorkommen«, sagte Speedy, »aber für einen Vogel wie mich sieht er wie ein Misthaufen aus. Er ist viel zu groß, zu schwer und zu schlaff!«

»Schlaff?«

»Schlapp! Deine Federn sehen aus, als ob sie jemand ins Wasser getaucht und dann auf deinen Körper zum Trocknen gehängt hätte. Und diese Beine!«

»Was ist mit meinen Beinen?«, fragte Striezel.

»Rosa Baumstämme sind das!«, sagte Speedy. »Selbst wenn du mit deinem Körper fliegen könntest – deine Beine würden nie hinterherkommen!«

»Ich hab schöne Beine!«, sagte Striezel.

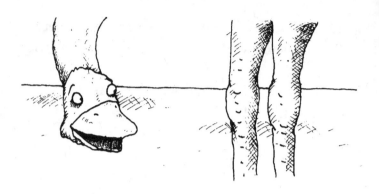

»Schönheit«, sprach Speedy, »ist eine Frage des Geschmacks, aber Fliegen ist eine Frage der Schwerkraft. Deine Beine werden nie fliegen können. Zum Stehen, Laufen und Springen über Zäune mögen sie ja reichen, aber wenn es darauf ankommt, durch die Luft zu segeln, dann nützen dir deine Beine so viel wie eine rosa Trittleiter! Und dann dieser Hals!«

»Mein Hals?«, echote Striezel.

»Dein Hals!«, wiederholte Speedy.

»Mein Hals ist schön und lang und biegsam«, sagte Striezel.

»Ja, wie ein Gummiband«, sagte Speedy. »Aber zum Fliegen nützt dir das überhaupt nichts. Sei mal ehrlich, Striezel: Mit so einem Körper, solchen Beinen und so einem Hals kannst du nie im

Leben fliegen, und deshalb kannst du auch kein Vogel sein. Stimmt's?«

»Nein«, sagte Striezel. »Ich *kann* fliegen! Sieh mal!«

Speedy hockte sich auf einen Zweig und sah, wie Striezel sich auf die Zehenspitzen stellte, die Flügel auseinander klappte, einen großen Luftsprung machte ... und schnell wieder zurück auf den Erdboden kam.

»Ich bin ein bisschen aus der Übung«, sagte Striezel. »Jetzt guck noch mal!«

Speedy guckte wieder zu. Striezel stellte sich wie-

der auf die Zehenspitzen, klappte wieder die Flügel auseinander und machte wieder einen großen Luftsprung … und wieder kam er schnell zurück auf den Erdboden.

»Ein bisschen bin ich schon geflogen«, sagte er.

»Das ist nicht Fliegen«, sagte Speedy, »das ist Hüpfen!«

»Ich glaube, ich muss mehr Anlauf nehmen«, sagte Striezel.

»Ich glaube, du musst einen Flieger nehmen!«, sagte Speedy.

»Warte nur ab!«, sagte Striezel

Und Speedy wartete. Er sah, wie Striezel Anlauf nahm. Die mächtigen rosa Bein-Baumstämme

wirbelten immer schneller, und der dehnbare lange Hals dehnte sich immer länger, und die Flatter-Flügel flatterten und wedelten fast so schnell, wie Striezels Beine wirbelten. Aber seine Füße wollten einfach nicht vom Erdboden abheben. Er versuchte, im Laufen zu springen. Er stellte wahrscheinlich einen neuen Hochsprung-Weltrekord auf und wohl auch einen neuen Weitsprung-Weltrekord, aber so sehr er auch sprangwedelstreckte – er kam immer wieder auf die Erde zurück, als sei er an sie festgebunden. Und als er etwa vierhundert Meter gerannt war (und dabei wahrscheinlich einen neuen Vierhundert-Meter-Weltrekord aufgestellt hatte), blieb er stehen und machte eine Verschnaufpause.

Ganz weit hinten konnte er Speedy auf seinem Zweig sitzen sehen – wenn er auch nicht sehr sicher zu sitzen schien: Speedy schaukelte von einer Seite zur anderen, zirpte und zwitscherte und konnte sich vor Lachen kaum halten.

Striezel holte tief Luft, warf den Hals so weit zurück, dass er fast auf einer Höhe mit seinem Schwanz war, hob das rechte Bein, rief »Auf die Plätze, fertig, los!«, und machte einen Anlauf mit mächtigem Springen, Strecken, Flattern und

Wedeln in Richtung Speedy. Staub, Pflanzen und Federn flogen durch die Luft, aber Striezel nicht. Speedy musste so lachen, dass er von seinem Zweig fiel. (Aber weil er ein Vogel war, brauchte er bloß seine Flügel einzusetzen, und schon flog er wieder auf seinen Zweig zurück.)

»Es hat keinen Zweck«, schnaufte Striezel, »ich schaffe einfach den Abflug nicht.«

»Den Abflug schaffst du schon – bloß nicht den Weiterflug!«, sagte Speedy.

»Und warum nicht?«, jammerte Striezel.

»Weil«, sagte Speedy, »du nämlich kein Vogel bist! Ein Vogel klappt einfach seine Flügel auf, und he – hopp …!«

Speedy flog von seinem Zweig herunter, umkreiste dreimal Striezels Kopf und landete dann wieder auf dem Zweig.

»So wird's gemacht!«, sagte er. »Die Federn bleiben gerade liegen, der Hals wird nicht verrenkt, die Beine angezogen ...«

»Schwäne können auch fliegen!«, sagte Striezel.

»Na und?«, sagte Speedy.

»Schwäne haben lange Hälse. Und Reiher fliegen auch!«

»Was willst du damit sagen?«

»Reiher haben lange Beine. Wenn Schwäne und Reiher fliegen können, warum kann ich es dann nicht?«

»Weil ...«, sprach Speedy, »weil du eben kein Vogel bist!«

»Ich bin aber ein Vogel!«, sagte Striezel. »Ich bin einer! Ich bin einer! Ich könnte auch fliegen, wenn ich nur wüsste, wie es gemacht wird!«

»Ich könnte auch einen Elefanten hochheben, wenn ich wüsste, wie es gemacht wird«, sagte Speedy. »Man kann alles tun, wenn man weiß, wie es geht.«

»Bitte, zeig es mir noch ein einziges Mal!«, bettelte Striezel. »Ich muss ganz genau zusehen.«

Striezel sah zu, wie Speedy von seinem Zweig hüpfte, dreimal um seinen Kopf kreiste und dann wieder auf dem Zweig landete.

»Es ist so leicht wie Nüsse knabbern«, sagte Speedy, »wenn man ein Vogel ist!«

»Aha!«, sagte Striezel. »Ich glaube, jetzt weiß ich, warum es bei mir nicht klappt.«

»Bei dir klappt es nicht«, sagte Speedy, »weil du kein Vogel bist!«

»Nein, das ist es nicht«, sagte Striezel. »Bei mir klappt es deshalb nicht, weil ich nicht genug Luft unter die Flügel kriege. Ich habe gesehen, wie du es gemacht hast, und du hast etwas gemacht, was ich nicht kann.«

»Genau«, sagte Speedy, »fliegen!«

»Du bist von dem Zweig heruntergehüpft und da-

durch hast du Luft unter die Flügel gekriegt. Aber weil ich viel größer bin als du, müsste ich aus einem Baumwipfel herunterspringen, um genug Luft unter meine Flügel zu kriegen.«

»Und wie willst du auf den Baumwipfel kommen?«, fragte Speedy. »Per Brieftaube?«

»Auf den Baumwipfel komme ich zwar nicht«, sagte Striezel, »aber irgendwie schaffe ich es schon auf die gleiche Höhe!«

»Das möchte ich sehen!«, sagte Speedy. »Übrigens, Striezel, ich brauche gar nicht von einem Baum herunterzuspringen – ich kann auch vom Erdboden losfliegen!«

»Das kommt daher«, sagte Striezel, »dass du so ein winziger Spatzenpieper bist! Du hast schon genug Luft unter den Flügeln, wenn du über einen Grashalm hüpfst. Aber wenn du so ein über-

dimensionaler Riesen-Vogel bist wie ich, musst du auch einen überdimensionalen Riesen-Luftsprung machen. Du wirst sehen: Wenn ich erst mal Luft unter den Flügeln habe, fliege ich zehnmal so schnell und so weit wie du!«

»Und wie willst du so hoch kommen wie ein Baum?«, fragte Speedy.

»Komm mit!«, sagte Striezel.

Und los ging's. Striezel machte sich auf den Weg, über die Felder, durch die Wälder, weit über Berg und Tal.

»Striezel, halt!«, rief Speedy. »Ich dachte, du willst bloß auf einen Baum steigen – ich wusste nicht, dass du auswandern willst! Wie weit ist es noch?«

»Nur ein paar Kilometer«, sagte Striezel.

»Dann nimm mich als Anhalter mit.«

Er setzte sich auf Striezels Rücken, und zusammen machten sie sich weiter auf den Weg, über die Felder, durch die Wälder, weit über Berg und Tal, bis sie schließlich …

»Das Meer!«, rief Speedy.

Sie standen am Rand eines steilen Felsens, und tief unter ihnen, so weit das Auge reichte, lag der schimmernde blaue Ozean.

»Jetzt sind wir am Ziel«, sagte Striezel. »Und jetzt werden wir sehen, wer von uns fliegen kann.«

»Einen Augenblick!«, sagte Speedy. »Du willst doch nicht etwa von hier runterspringen?«

»Doch, das will ich«, sagte Striezel. »Dann kriege ich nämlich ganz viel Luft unter meine Flügel, und dann wirst du sehen, was für ein Vogel ich bin!«

»Der Vogel, der du dann sein wirst«, sagte Speedy, »ist ein toter Vogel! Gib es auf, Striezel – du schaffst es nicht, du brichst dir das Genick!«

»Gar nicht wahr!«, sagte Striezel. »Und jetzt geh von meinem Rücken runter – ich kann keine Last brauchen, die mich nach unten drückt!«

Speedy sprang von Striezels Rücken und flog bis an den Rand des Felsens, sodass er auf die zerklüfteten Klippen und die schäumenden Wellen in der Tiefe hinuntersehen konnte.

»Striezel«, sagte er, »was du da vorhast, ist wirklich keine gute Idee!«

»Doch!«, sagte Striezel. »Und jetzt guck genau zu!«

Er stand am äußersten Rand des Felsens, sodass die Zehenspitzen über den Fels hinausragten, und startbereit ging er in die Hocke.

»Striezel«, sagte Speedy, »bitte tu es nicht!«

»Pscht!«, machte Striezel. »Ich muss mich konzentrieren!«

»Denk nur an diese zerklüfteten Felsen da unten«, sagte Speedy, »und stell dir vor, was für scheußliche Löcher sie in deine schönen Beine und deinen prächtigen Leib bohren werden!«

»Unsinn!«, sagte Striezel. »Felsen können nicht fliegen!«

»Und du auch nicht!«, sagte Speedy.

»Kann ich doch!«, sagte Striezel. »Guck genau zu!«

Und mit diesen Worten sprang Striezel vom Felsen in die Tiefe.

»Siehst du?«, rief er. »Ich fliege!«

»Nein«, sagte Speedy, »du fällst!«

»Du hast Recht!«, schrie Striezel. »Ich Dussel! Hi-i-ilfe!«

Armer Striezel. Er schlug mit den Flügeln, wirbelte mit den Beinen, streckte den Hals vor und rief »Hilfe!«, aber es nützte alles nichts – er fiel immer tiefer. Sein Freund Speedy begleitete ihn ein

Stück auf dem Weg nach unten, bis er nicht mehr
so schnell fliegen konnte, wie Striezel fiel.

»Hi-i-i-lfe!«, schrie Striezel. »Hil-platsch-gurgel-
goggelblubblub ...«

Er stürzte zwischen zwei zerklüfteten Felsen ins
Wasser und ging sofort gurgelgurgelblubblub unter bis auf den Meeresboden. Als er unten ankam,
stieß er sich mit seinen Beinen kräftig ab und
schoss gleich wieder an die Oberfläche. Und als er
wieder Luft kriegte, merkte er, dass er nicht nur

auf dem Wasser liegen blieb, sondern dass er auch, wenn er mit dem rechten Bein strampelte, nach links trieb, und wenn er mit dem linken Bein strampelte, nach rechts.

»Hallo, Striezel!«, sagte Speedy.

»Hallo, Speedy!«, sagte Striezel.

»Ich hab dir doch gesagt, dass du kein Vogel bist!«, sagte Speedy.

»Ich weiß«, sagte Striezel. »Du hast ja Recht! Den Fehler mach ich nicht noch mal, denn jetzt weiß ich endlich, was ich bin!«

»Na? Was bist du denn?«, fragte Speedy.

Striezel strampelte einmal nach rechts und einmal nach links.

»Kapierst du nicht?«, rief er. »Ich bin ein Fisch!«

Der Werwolf

Wolfie erzählt eine Geschichte

Onkel Willys Onkel Wally war ein Werwolf. Beim bloßen Gedanken daran kriegt mein Wolfspelz eine Gänsehaut! Stellt euch vor, ihr lebt mit einem Wolf zusammen, der sich in einen Menschen verwandelt! Vor

Angst würdet ihr tot umfallen (der Werwolf aber nicht!).

Die schrecklichen Ereignisse begannen, als er noch ein Wolfsjunge war. Eines Nachts wurde die Familie von Winnie, einem der Wolfsmädchen (meiner Großmutter!), aufgeweckt. Sie jaulte, als hätte sie gerade eine Tüte Lammkoteletts verloren. Der wahre Grund war aber, so sagte sie, dass sie in der Wolfshöhle ein menschliches Wesen gesehen hatte!

»Ein menschliches Wesen?«, knurrte Vater Wolf. »Red keinen Unsinn, Winnie! Du hast geträumt!«

»Ein Mensch war hier in der Höhle!«, schluchzte Winnie. »Er sah ganz furchtbar aus. Er stand auf zwei Beinen, und seine Haut war überall ganz rosa!«

»Das war ein Alptraum, Liebes«, sagte Mutter Wolf. »Hier gibt es keine menschlichen Wesen. Sieh doch selber nach!«

Alle suchten jetzt die Höhle ab, und es stimmte: nirgends eine Spur von einem menschlichen Wesen. Aber Winnie hatte immerhin gemerkt, dass es in der Höhle auch keine Spur von Onkel Wally mehr gab.

»Wally ist weg!«, schrie sie. »Das menschliche

Wesen hat ihn geholt! Der Mensch hat Wally mitgenommen!«

Wenn das menschliche Wesen ein böser Traum
war – Wallys Verschwinden war bittere Wirklichkeit. Niemand konnte verschwundener sein als
Wally. Die anderen Wolfsjungen heulten jetzt genauso laut wie Winnie und ihre Eltern rannten
zum Eingang der Höhle. Und genau in diesem
Moment kam ihnen Wally entgegen!

»Da ist er ja! Wally, wo bist du gewesen? Was ist
passiert? Hat dich der Mensch gestohlen?«, fragte
ihn ein ganzer Chor von Stimmen.

»Eh? Wer? Was? Wo?«, sagte Wally. »Ich bin
doch bloß mal pinkeln gegangen!«

Und dann fielen natürlich alle über die arme Winnie her und machten sich über sie lustig; der Aus-

druck »ein menschliches Wesen« wurde fortan für »pinkeln gehen« benutzt. Das wurde bei den Wölfen rasch zum geflügelten Wort, und schließlich glaubte sogar Winnie selber, dass sie alles bloß geträumt hatte.

Genau einen Monat später passierte etwas sehr Seltsames und Schreckliches. Die ganze Familie (mit Ausnahme von Wally, der weiterschlief) wachte eines Morgens auf und stellte fest, dass eines der Wolfskinder fehlte, nämlich die kleine Wimpy, die Allerjüngste.

»Sie macht wahrscheinlich bloß ›menschliches Wesen‹«, kicherte eine ihrer Schwestern.

»Oder vielleicht was Größeres!«, alberte einer ihrer Brüder.

Aber Wimpy kam nicht wieder. Sie reagierte nicht einmal, als sich die ganze Familie zu einem »Wimpy-komm-wieder!«-Geheul vereinigte. Und als die Wölfe vor ihre Höhle gingen, um dort die Suche fortzusetzen, sahen sie etwas, was ihnen Angst und Schrecken einjagte und ihre Knie so weich wie Lammkeulen werden ließ: Im weichen Erdreich vor dem Höhleneingang sah man die unübersehbaren Fußspuren eines menschlichen Wesens.

»Diese Spuren gefallen mir gar nicht!«, sagte Vater Wolf.

»Und dieser Geruch gefällt mir noch weniger!«, sagte Mutter Wolf.

»Und der Gedanke, dass hier ein Mensch war, gefällt uns am allerwenigsten!«, sagten die kleinen Wölfe und rückten ein bisschen enger zusammen.

Wimpy wurde nie gefunden und seit jener Zeit wollten die Wölfe nicht mehr wie gewohnt ins Bett gehen. Nur einer schien völlig ungerührt: Wally.

»Wie kann man nur Angst vor Menschen haben?«, sagte er. »Ich habe keine Angst vor Menschen – ich könnte einen Menschen zum Frühstück fressen!«

»Glaubt mir«, sagte Vater Wolf, »wer so mutig ist wie Wally, aus dem wird eines Tages ein Held!«
Während alle kleinen Wölfe abends möglichst weit hinten in der Höhle sein wollten, drängte es Wally auffällig nahe an den Höhleneingang.
»Das ist wirklich dumm von dir, Wally«, sagte Mutter Wolf.
»Warte nur, Wally«, sagten seine Geschwister, »da vorne wirst du eines Tages noch umgebracht!«
»Ihr wollt Wolfsjungen sein?«, höhnte Wally. »Ihr habt genauso viel Mut wie ein Hammelbein in Sülze! Mich bringt so leicht kein menschliches Wesen um!«

Damit hatte er Recht. (Wally hatte nämlich keinen Grund, sich selber umzubringen.)

Drei oder vier Wochen vergingen, und kein neuer Todesfall war zu beklagen. Vielleicht war das Ungeheuer verschwunden, vielleicht war Wimpy einen Abhang hinuntergestürzt, vielleicht stammten die Fußspuren ja auch von einem Schimpansen, der sich verirrt hatte …

Aber dann kam eine Vollmondnacht, genau einen Monat nachdem Wimpy verschwunden war, und genau zwei Monate nach Winnies Alptraum. Diesmal war es Onkel Willys Vater, der das Ungeheuer als Erster sah.

»Es war grässlich!«, erzählte er Onkel Willy viele Jahre später. »Da stand es, auf den Hinterbeinen,

die Vorderbeine baumelten an den Seiten runter. Man sah die rosa Haut im Mondschein leuchten. Das Gesicht war glatt und platt – alles war irgendwie platt. Platte Nase, plattes Maul, platte Zähne, platte Ohren – ich hatte noch nie so etwas Hässliches gesehen!«

Das Ungeheuer war auf die kleinen Wölfe zugestakt, steif und aufrecht wie ein wandelnder Zweig, und in diesem Augenblick gelang es Onkel Willys Vater, seinen Schock zu vergessen und ein Warngeheul auszustoßen: »Yaaark!«, schrie er laut durch die Höhle. Mutter Wolf und drei oder vier Kleine wachten gerade noch rechtzeitig auf, um zu sehen, wie das rosa Ungeheuer aus der Höhle rannte, und sogar Vater Wolf, dem das Aufwachen immer sehr schwer fiel, sagte später, er hätte gerade noch ein Hinterbein des Ungeheuers erkannt.

»Wally ist weg!«, sagte Winnie, und zwar nicht zum ersten Mal (Winnie war ein Wally-Wächter). Es stimmte. Wally war wirklich wieder weg. Das war merkwürdig, denn alle hatten gesehen, wie das Ungeheuer verschwunden war und dass es Wally nicht mitgenommen hatte. Wo war also Wally?

Mutter Wolf wollte sofort mit der Suche nach Wally beginnen. Vater Wolf meinte, es sei sicherer für die Kleinen, wenn sie mit der Suche erst bei Tageslicht begännen. Mutter Wolf sagte daraufhin, Vater Wolf meine in Wirklichkeit, es sei sicherer für Vater Wolf, wenn die Suche bei Tageslicht stattfände. Vater Wolf sagte, er wisse schon, was er meine, auch ohne Mutter Wolf, und die Suche würde auf jeden Fall bei Tageslicht stattfinden, egal, was er meine oder was Mutter Wolf glaube, dass er meine.

Die Kleinen waren auf Vater Wolfs Seite und so wurde die Suche bis zum Tagesanbruch verschoben. Und als der Morgen kam, kam auch Wally.

»Wally!«, rief seine Mutter. »Wo warst du denn?

Wir haben uns solche Sorgen um dich gemacht!«
»Oh, ich hab bloß mal ›menschliches Wesen‹ ge-
macht!«, sagte Wally.
»Die ganze Nacht?«, knurrte sein Vater.
»Ich hab mir den Magen verdorben«, sagte Wally.
»Und uns die Nachtruhe«, sagte seine Mutter.
»Wir dachten schon, das menschliche Wesen hat
dich geholt!«
»Was für ein menschliches Wesen?«, fragte Wally.

»Kein menschliches Wesen kann mich kriegen!«
»Willst du uns etwa einen Wolf aufbinden?«,
brummte Vater Wolf.
Aber Wally war so erschöpft, dass er keine weiteren Fragen mehr beantworten konnte, und er
legte sich erst mal zum Schlafen in die Ecke. Mut-

ter Wolf machte sich Sorgen um ihn, weil sie das Gefühl hatte, er sei nicht ganz gesund. Vater Wolf machte sich Sorgen um ihn, weil er das Gefühl hatte, er sei nicht ganz normal. Die kleinen Wölfe sorgten sich um sich selbst und hatten deshalb keine Zeit, sich auch noch um Wally Sorgen zu machen.

Während Wally sich ausschlief, ging Vater Wolf zu Dr. Lupus, dem berühmten Entmenschologen. Die Auskünfte, die er von diesem Spezialisten bekam, ließen allen Wölfen die Haare zu Berge stehen (sogar an Stellen, wo sie gar keine Haare hatten). Wally, so hatte er von Dr. Lupus erfahren, war ein Werwolf, was bedeutete, dass er ein Wolf war, der sich jedes Mal bei Vollmond in ein menschliches Wesen verwandelte. Es gibt nur eine einzige Art, einen Werwolf zu überwältigen: ihn zu töten.

»Kann Dr. Lupus ihn denn nicht heilen?«, fragte Mutter Wolf.

»Nur dadurch, dass er ihn umbringt«, antwortete Vater Wolf.

»Von so einem Heilmittel halte ich nicht viel«, sagte Mutter Wolf.

Mütter sind nun mal so. Immer glauben sie, ihre Kinder können nichts Böses tun. Ich hatte auch

mal eine Mutter. Was habe ich die ausgetrickst!
Auf alle Fälle, Vater Wolf erklärte Mutter Wolf,
dass der Werwolf, wenn sie ihn nicht vorher um-
brächten, die ganze Familie umbringen würde.
»Entweder wir machen kurzen Prozeß mit ihm«,
sagte Vater Wolf, »oder er mit uns. Ich persönlich
ziehe das Erstere vor.«
»Wie wollen wir ihn umbringen, Papi?«, fragte
Onkel Willys Vater.
»Es gibt nur einen Weg«, lautete die grimmige
Antwort. »Wir warten, bis wieder Vollmond ist
und er sich in ein menschliches Wesen verwandelt.
Dann ... hm ... es ist ... äh ... sehr unappetitlich
... dann ... äh ... muss ihm einer in den Hintern
beißen!«
Entsetztes Stöhnen war die Antwort auf diese Er-
klärung – kein Wunder! Kann man sich etwas
Ekelhafteres vorstellen, etwas Igitt-Würg-Wider-
wärtigeres, als einem menschlichen Wesen in den
Hintern zu beißen?
»Sein Hintern ist bestimmt vergiftet!«, sagte On-
kel Willys Vater.
»Ich würde das nicht überleben!«, sagte Winnie.
»Ich würde tot umfallen.«
»Es erfordert in der Tat sehr viel Mut«, sagte

Vater Wolf. »Aber jeder Wolf muss schließlich tun, was seine Pflicht ist. Ich werde dem Halunken also selber in den Hintern beißen.«

Vier Wochen vergingen, ohne dass irgendetwas Besonderes passierte, außer dass niemand mit Wally spielen wollte und dass höchstens Mutter Wolf mit ihm sprach.

»Was habt ihr bloß gegen mich?«, fragte er dauernd. »Hab ich euch etwas getan? Stinke ich aus dem Maul? Sollte ich mich mal duschen? Hab ich irgendetwas falsch gemacht? Was Verkehrtes gesagt?«

Niemand antwortete ihm.

Und endlich war die Vollmondnacht des großen Hintern-Beißens gekommen. Vater Wolf leckte sich ein bisschen nervös die Lippen und verkün-

dete, dass er diese Nacht in der Nähe des Höhlen-
eingangs schlafen wolle.

»Warum?«, fragte Wally. »Das ist doch mein
Platz! Ich schlafe immer am Eingang! Warum
willst du mir meinen Platz wegnehmen, Papa?
Warum schläfst du auf meinem Platz, Papa?«

»Hm«, grummelte sein Vater, »hm … hm … weiß
nicht …«

»Ich schlafe immer da, Papi! Mami, ich schlafe
immer hier, nicht? Das ist doch mein Platz, nicht,
Mami?«

»Heute Nacht nicht, mein Liebling – nicht, wenn
dein Papa am Eingang schlafen will!«

»Aber warum? Warum, Papi? Warum, Mami?
Es ist mein Platz, es ist immer mein Platz gewesen …«

»Hör endlich auf damit!«, donnerte Vater Wolf plötzlich los. »Sonst beiß ich dir in den Hintern!« Wally fing am ganzen Körper zu zittern an, und seine Augen wurden vor Schreck immer größer. Und dann schlich er sich davon, legte sich in eine Ecke und murmelte seltsame Wörter, die kein normaler Wolf verstehen konnte.

»Gute Nacht zusammen!«, rief Vater Wolf.

»Gute Nacht, Papi!«, antworteten die kleinen Wölfe – bis auf einen.

Und dann legten sich alle hin und taten so, als ob sie schliefen. Alle machten die Augen zu, es gab ein oder zwei unechte Schnarcher, gefolgt von unterdrücktem Kichern, aber dann waren die Kleinen ganz still – jeder von ihnen hörte das eigene Herz ein bisschen schneller schlagen als sonst.

Plötzlich drang aus Wallys Ecke ein seltsames Geräusch, als ob sich jemand streckte und mit Gewalt ausdehnte. Alle klappten die Lider wieder auf – und sahen mit schreckgeweiteten Augen, wie Wally auf den Hinterbeinen stand und sich sein Fell langsam nach innen drehte. In einer Minute hatte sich Wally, der Wolf, in eines jener furchtbaren menschlichen Ungeheuer verwandelt, vor denen alle Wölfe so große Angst haben!

Nur ein einziges Augenpaar hatte sich nicht geöffnet – das von Vater Wolf, der im Höhleneingang lag und im Tiefschlaf laut vor sich hin schnarchte. Das Ungeheuer stakte auf ihn zu, und es sah ganz so aus, als ob die Wolfsfamilie jeden Augenblick vaterlos werden würde. Aber ein Wolf wächst mit seinen Aufgaben. Es war Onkel Willys Vater höchstpersönlich, der plötzlich aufsprang, quer durch die Höhle rannte und todesmutig dem Monster seine Zähne in den Hintern rammte. Das Ungeheuer schrie vor Schmerz auf, und Onkel Willys Vater schrie vor Ekel, und beide fielen ächzend zu Boden.

»Was'n ... hier ... los?«, rief Vater Wolf, unsanft aus dem Schlaf gerissen.

»Au! Autsch! Oh!«, schrie das Ungeheuer.

»Üäh! Igitt! Würg!«, schrie Onkel Willys Vater.

»Mein armer Wally!«, schrie Mutter Wolf.

»Hurra!«, schrien die kleinen Wölfe.

Doch dann wurden alle ganz still, denn dort auf dem Boden der Höhle ereigneten sich seltsame Dinge. Das menschliche Ungeheuer verwandelte sich wieder zurück in Wally! Nach und nach bedeckte sich die eklige rosa Haut wieder mit Wolfspelz, die platte Nase wurde allmählich breiter, die

flachen Zähne immer spitzer, die platten Ohren immer dünner und länger, die eng beieinander stehenden Augen rutschten an die Seiten des Kopfes, der immer länger wurde … und dann war plötzlich wieder der echte Wally da – tot zwar, aber wieder zum Wolf geworden, als sei er nie jemand anderes gewesen!

Dies ist eine großartige Mitternachtsgeschichte, obwohl Onkel Willy sie auch zu jeder anderen Tages- und Nachtzeit gerne erzählt. Ich fragte ihn mal, warum sein Onkel Wally nicht bei uns in Wolfhalla ist, im Wolfsparadies, damit wir ihn uns genau anschauen können, aber er meinte, Werwölfe dürften hier nicht rein, weil sie zu böse sind. Das klingt einleuchtend. Ich fragte auch, ob ich mal mit seinem Vater sprechen könne – mit dem Helden, der dem Werwolf in den Hintern gebissen hatte und von dem Onkel Willy die Geschichte gehört hatte.

»Geht leider auch nicht«, sagte Onkel Willy. »Der darf auch nicht nach Wolfhalla.«

»Warum nicht?«, fragte ich.

»Weil er so ein schlimmes Lügenmaul ist!«, sagte Onkel Willy.